En Al

André Lichtenberger

Alpha Editions

This edition published in 2024

ISBN : 9789357966405

Design and Setting By
Alpha Editions
www.alphaedis.com
Email - info@alphaedis.com

Contents

AVANT-PROPOS

L'automne dernier un capitaine posait cette question à cinquante conscrits : "Qu'est-ce que l'Alsace?" Trente-huit répondirent à peu près convenablement. Douze, c'est-à-dire le quart, ignoraient de quoi il s'agissait. Peut-être que cette ignorance est regrettable à toutes sortes d'égards et même un peu déshonorante.

Puisse ce petit livre dénué de toute autre ambition faire revivre à ceux qui connaissent l'Alsace quelques-unes de leurs impressions ; puisse-t-il donner aux autres une idée sommaire de ce qu'elle nous suggère, faire entrevoir au moins le charme si particulier de cette région qui nous tient de si près par tant de liens.

S'il y réussit tant soit peu, c'est peut-être à cause de tout ce que les voix multiples qui montent de cette terre ajoutent à celle de l'auteur. Il tient aussi à associer dans sa reconnaissance tant d'écrivains, sans cesse plus nombreux, qui chacun pour sa part nous ont rendu plus proches l'âme et la vie de l'Alsace. Grâces soient rendues aux vivants et aux morts : aux historiens et aux érudits tels que MM. Charles Grad, Rodolphe Reuss, Georges Delahache, Charles Gérard ; aux purs littérateurs tels que MM. Maurice Barrès, Edouard Schuré, Georges Ducrocq, Paul Acker, Carlos Fischer ; à tant d'écrivains, de connaisseurs, d'amateurs pieux, de lettrés délicats dont les travaux ou les conseils m'ont facilité la tâche : Mesdames Marie Diémer, Gévin-Cassal, E. Herrmann, Röhrich, E. Wust, MM. Bucher, Dollinger, Maurice Engelhardt, Florent-Matter, H. Haug, Kaufmann, Laugel, Stœber, etc. Et je ne veux pas oublier ces deux périodiques admirables entre tous : *La Revue Alsacienne Illustrée* et *Les Marches de l'Est*.

C'est à ces sources, à bien d'autres encore que j'ai puisé ; c'est à elles que ce petit livre doit ce qu'il peut avoir de bon.

A. L.

EN ALSACE

CHAPITRE I
L'ALSACE : UN COUP D'ŒIL DANS L'HISTOIRE

Vous importe-t-il énormément de savoir l'origine exacte du mot Alsace? J'espère que non, car il me faut vous avouer qu'elle est encore douteuse. Pour certains "Ellsass" signifie pays de l'Ill ; pour d'autres les appellations Alesacianes, Alisâzas, Elisâsun, étaient employées par les Alamans pour désigner la région et les peuplades de la rive gauche du Rhin. Dans le doute, évitons de nous prononcer. Si nous ne connaissons pas le mot, nous connaissons au moins la chose : approximativement, l'Alsace est comprise entre la ligne des Vosges et le Rhin, la trouée de Belfort et le cours de la Lauter. Sa superficie est d'environ 800,000 hectares.

La légende, qui se souvient sans doute de la géologie, nous affirme qu'elle fut d'abord un lac où s'épanouissait une vie mystérieuse. Il s'écoula. Dans le sol fertile et dans les vallées, les hommes se multiplièrent. Avaient-ils ou non le crâne allongé? Grave question qui passionne d'autres que les anthropologues. De là dépend, paraît-il, si les populations premières de l'Alsace sont d'origine celte ou germanique.

Ce qui est vraisemblable, c'est que ces "murs païens," ces monuments cyclopéens de grosses pierres non cimentées, dont aujourd'hui encore nous trouvons les traces dans les Vosges, furent bâtis par les autochtones pour se défendre contre les barbares de l'Est. Les premiers textes historiques où il est question de l'Alsace nous la montrent ce qu'elle demeurera : le point de contact, c'est-à-dire souvent le champ de bataille entre la civilisation celto-latine et la Germanie. En 58 avant Jésus-Christ, Jules César, appelé par les indigènes, y défait Arioviste près de Rougemont sur les bords de la rivière de Saint-Nicolas. La voici province romaine ; elle le restera quatre cents ans : la multiplicité des noms de lieu et des ruines atteste la profondeur de l'empreinte reçue.

En 403, les Romains évacuèrent l'Alsace. Ce fut l'invasion des Alamans. Les Francs les soumirent. Pendant plusieurs siècles, le duché d'Alsace se rattacha à l'Austrasie, c'est-à-dire à la monarchie mérovingienne. A la fin du IXe siècle elle échoit à Louis Germanique, et, pour longtemps, elle est entraînée dans l'orbe du St. Empire romain germanique.

Le moyen-âge est pour l'Alsace une période troublée et féconde. Sous la suzeraineté plus ou moins nominale de l'empereur qui est loin, une vie locale active, sinon toujours pacifique, s'y développe. Des châteaux fortifiés, des donjons, des monastères, des églises se dressent de toutes parts. La population des villes profite des querelles des grands pour revendiquer ses droits. En vain de fréquentes invasions, en vain des luttes intestines bouleversent sans cesse le pays. Une race solide s'y constitue avec une civilisation originale, un développement de richesse matérielle et artistique qui est bien à elle. Favorablement accueilli à Mulhouse et à Strasbourg, le protestantisme y accroît l'esprit démocratique. Des relations amicales relient les villes libres de la plaine de l'Ill aux républiques suisses ; une anecdote célèbre les symbolise : celle de la bouillie chaude envoyée par la municipalité de Zurich à celle de Strasbourg et mangée tiède encore à son arrivée, tant la distance était brève et rapides les communications.

Au début du XVIIᵉ siècle, la guerre de Trente ans est l'occasion de ravages atroces. Aussi l'hostilité grandit contre la domination autrichienne, et l'Alsace adhère en majeure partie à cette coalition des petits États protestants qui font bloc avec la France et la Suède contre la monarchie des Habsbourg.

Est-il exact qu'au lit de mort du père Joseph le cardinal de Richelieu se soit précipité pour encore annoncer à son "Éminence grise" la nouvelle si ardemment souhaitée : "Père Joseph, Brisach est à nous!" L'histoire le nie ; mais l'instant était proche où l'Alsace allait être absorbée dans la monarchie française.

Le traité de Westphalie (1648) transporte à Louis XIV les droits complexes que l'empereur avait sur elle. Avec une activité habile et tenace, laissant subsister une vie locale indépendante, ses intendants transforment ce lien assez vague en une incorporation effective. L'annexion de Strasbourg en 1681, celle de Mulhouse au siècle suivant marquent des étapes décisives. L'assimilation est rapide, presque instantanée. Strasbourg fait à Louis XV durant la guerre de la succession d'Autriche un accueil enthousiaste et célèbre avec pompe en 1781 le centenaire de sa réunion à la France. La Révolution de 1789 cimente l'union d'une manière définitive. Dès ses débuts l'Alsace l'acclame. Une grande fête assemble à Strasbourg les gardes nationales de la région. Le maire Frédéric de Diétrich les reçoit sur la plateforme de la cathédrale et y fait arborer les premiers drapeaux tricolores : "Ce spectacle, dit le procès-verbal officiel, vu des rives opposées du Rhin, apprit à l'Allemagne que l'empire de la liberté était fondé en France."

Deux années plus tard, au moment de la déclaration de guerre contre l'Autriche, ce même Diétrich réunit à sa table quelques officiers et, interpellant l'un d'eux qui se piquait de talent musical, le sommait d'inventer un hymne nouveau capable de galvaniser les jeunes armées républicaines. Le lendemain, après une nuit blanche, Rouget de l'Isle revenait, et, accompagné au piano par une nièce du magistrat, entonnait son "Chant de Guerre de l'armée du Rhin," plus connu bientôt sous ce nom : "La Marseillaise."

Fidèle à la République, l'Alsace offrit à ses armées et à celles de l'Empire les meilleurs de ses fils : Kléber le gamin de Strasbourg, Lefebvre le meunier de Rouffach, Rapp le fils du concierge de Colmar. Faut-il d'autres noms?

Ils furent des milliers à verser leur sang sur tous les champs de bataille de l'Europe. Presque tous les officiers de la cavalerie qui poursuivit les vaincus d'Iéna étaient Alsaciens. Une petite ville comme Phalsbourg a donné trente-trois généraux à la France.

Après Waterloo, il y eut un fait divers, fantastique, qui dépasse la légende : la défense d'Huningue, par Barbanègre et cent trente-cinq hommes, contre l'archiduc Jean, vingt-cinq mille Autrichiens et cent trente bouches à feu. Au bout de quinze jours de bombardement, une capitulation honorable permit à la garnison de la dernière place forte alsacienne de rejoindre l'armée de la Loire avec tous les honneurs de la guerre. Tambour battant, cinquante loqueteux défilèrent devant l'archiduc Jean qui serra leur chef sur sa poitrine.

La Restauration vit l'Alsace frondeuse et libérale : "Un Koechlin par département et la France serait sauvée," s'écriait La Fayette, louant aussi bien l'esprit d'entreprise que l'ardeur civique du monde industriel mulhousien.

A l'annonce de la Révolution de 1830, on hissa les trois couleurs sur la cathédrale ; le 2 août, à six heures du soir, tout le pays était pavoisé et chantait "La Marseillaise."

La monarchie de juillet, à qui l'Alsace donna deux ministres, fut pour elle une époque d'énorme développement matériel et intellectuel. Il se poursuivit, s'accrut encore, sous le second empire, bien accueilli en général à cause des souvenirs glorieux qui dataient du premier : les romans d'Erckmann-Chatrian montrent, dans une forme familière et émouvante, l'évolution du sentiment alsacien, jusqu'au moment où la guerre de 1870-71 bouleversa la destinée.

L'Alsace fut la rançon de la France vaincue.

En dépit de la protestation solennelle des députés alsaciens, le traité de Francfort la faisait passer, à l'exception du territoire de Belfort, sous la domination de l'Allemagne victorieuse.

CHAPITRE II
L'ALSACE, "LE JARDIN DE LA FRANCE"

Lorsque dans l'été de 1673, Louis XIV et sa suite pénétrèrent en Alsace par Saint-Dié et Sainte-Marie aux Mines, Mademoiselle de Montpensier, la Grande Mademoiselle, goûta médiocrement le voyage. "Nous passâmes, écrit-elle, par des chemins épouvantables dans des bois où il y a des chemins étroits sur le bord des précipices où il passe des torrents. On a peine à y voir le ciel : ce sont des arbres d'un vert si noir et si mélancolique qu'il faisait peur... Sainte-Marie est une grande rue entre deux montagnes fort tristes et fort couvertes d'arbres..."

L'impression du souverain fut différente. Lorsque pour la première fois il aperçut la plaine d'Alsace ensoleillée et plantureuse, il s'écria : "Mais c'est le jardin de la France!"

Une région montagneuse, moins grandiose que les Alpes ou les Pyrénées mais d'un charme pittoresque et personnel, — des vallées sinueuses et boisées qui en descendent — une plaine fertile et richement cultivée, jonchée de villages cossus et de villes célèbres, telle est l'Alsace.

*

* *

Que le chemin de fer vous conduise en Alsace par la trouée de Belfort et celle de Saverne, tout de suite ses paysages vous conquièrent. Mais j'aimerais mieux que, quittant un matin de bonne heure quelque station du versant français, vous la découvriez vous-même peu à peu au cours d'une promenade à pied dans les Vosges.

Au départ, des brumes flottent encore entre les fûts rigides des sapins. Une humidité frissonnante enveloppe le sous-bois. Il y demeure de la nuit emprisonnée. Mais voici que l'ombre craque et se disjoint. Des fuseaux de lumière argentée pénètrent, où tressaillent toutes les couleurs du prisme. Le brouillard s'effiloche, se déchire en longs voiles de gaze, s'envole pareil à des formes de fées. Des coins de ciel bleu se mettent à rire. Le soleil l'emporte. A peine des flocons de nuage sommeillent encore dans quelques fonds vaporeux. Et le panorama se déroule, se diversifie.

Ce sont les plateaux herbeux, tachés de champs, de fermes, de bouquets d'arbres ; les pentes sylvestres couvertes d'aiguilles de pin, de gazon maigre, de myrtilles et de bruyères ; les sentes creuses qui serpentent à l'aveuglette sous la futaie des hêtres ; un petit lac bleu avec une maison forestière assoupie ; un vallon avec une rivière parmi les cadavres des arbres ; une cascatelle fuyante ; une chapelle, une tombe ; une carrière abandonnée où, tout rouge, le sol saigne ; un amas de pierres énormes, abruptes ou polies, bizarres, évoquant des jeux de Titans ; des taillis maigres où perce un soleil qui pique ; et puis la montée nue que le vent rafraîchit ; le "chaume" gazonné, — le sommet, — d'où maintenant le regard embrasse l'infini : la houle irrégulière des crêtes boisées, moirées de verdures diverses ; la vallée lorraine ; la plaine d'Alsace, tout en bas, avec ses petits villages laborieux groupés compacts, noirauds et rougeâtres, autour des flèches des églises pointées vers le ciel. Au loin, perdue dans la brume, c'est la Forêt-Noire. Là-bas, le Jura. Quelque chose scintille : peut-être les Alpes. Simples, exquises, les sensations intimes alternent, s'harmonisent. Le sol soyeux caresse le pied du marcheur. Les digitales hautaines se dressent. Mélancolique, le coucou chante. La résine et le foin coupé embaument. Écoutez : c'est le long murmure de la brise à travers les feuillages, le bruissement, doux comme une bénédiction, d'une averse légère qui les caresse. Puis de nouveau voici le soleil.

Étonnamment variées et découpées, les Vosges offrent au promeneur des sites et des vues sans cesse renouvelés. Les ruines dont elles sont jonchées, les légendes gracieuses qui s'y rattachent y incorporent une âme.

"Comme un lis blanc dressé parmi les œillets rouges et les pensées violettes, la noble et douce figure de Sainte Odile domine le champ fleuri et bigarré des légendes d'Alsace" (Schuré).

Ainsi, sur le haut de sa montagne, le couvent de Ste. Odile, "petite couronne de vieilles pierres sur la cime des futaies" (Barrès), domine la plaine où, par le temps clair, on distingue plus de cent villages. C'est là qu'à travers les siècles l'Alsace est venue prier. C'est là que vous la verrez encore aujourd'hui s'acheminer chaque dimanche en pélerinage. Demeurez jusqu'au coucher du soleil. Et malgré le grouillement des touristes et le mugissement des autos sur les routes vous subirez la majesté du lieu. Il redeviendra pour vous "la montagne de la foi et du silence, le plus noble de ces grands sommets religieux qui veillent sur l'Alsace" (Paul Acker).

*

* *

Par l'une de ces vallées abruptes ou sinueuses qui se font chemin entre deux contre-forts, vous dégringolez le long des murailles sévères des hêtres et des sapins. Selon les lacets, à chaque minute le paysage change. Ici c'est le roc, là le précipice. Surgies soudain, les cimes lointaines étincellent. Une échappée laisse entrevoir la plaine souriante. Tout se resserre. Il y a un tournant. Dans sa grâce rustique, voici le village alsacien.

"Il nous montre d'un air accueillant ses maisons peintes à la chaux où les grosses poutres de la charpente forment des croix de Saint André, ses pignons aigus, ses toits hauts et profonds où s'accumulent pour l'hiver les mille ressources d'un pays plantureux, ses escaliers de bois sculpté noircis par les années, sa fontaine où s'épanche dans les auges de pierre, tombes mérovingiennes, une onde de cristal, sa vieille église couronnée d'un nid de cigogne, ses treilles, ses jardins, dômes de feuilles de vigne que l'automne éclaircit, ses glycines et ses roses grimpantes, qui montent jusqu'au toit.

"Par les carreaux étroits, de vieux visages où la sagesse de la vie est inscrite en plis volontaires enveloppent d'un long regard curieux celui qui passe. Les enfants bien éveillés se plantent devant lui, les mains derrière le dos, pour mieux considérer son étrangeté. Des femmes échangent quelques paroles joviales avec l'accent doux et traînant d'Alsace, l'accent qui pèse sur les mots comme la cognée du bûcheron. Quelques patriarches en bonnet de laine secouent leur longue mèche d'un air grave" (Georges Ducrocq).

*
* *

Et maintenant nous voici tout en bas. Entre le Rhin invisible et la dentelle bleue des Vosges, c'est l'Alsace laborieuse et luxuriante. A perte de vue s'étendent les prés récemment fauchés couverts de meules, parsemés de bouquets d'arbres, les vignobles ensoleillés, les houblonnières en pleine croissance, les rectangles multicolores des cultures maraîchères, les champs de blé et de seigle éclatants de bleuets et de coquelicots. Là s'étale la richesse dorée de la moisson prochaine. Ici la récolte est déjà faite, les gerbes s'amoncellent et de nouveau toute nue apparaît la terre rouge. Les vergers escortent la route. Des corbeaux croassent. Çà et là pointent des cheminées d'usines, des lignes de peupliers. Il y a de gentils et gais petits cimetières carrés, verts, noirs et blancs, où les morts assoupis continuent d'être tout près des vivants. Solidement accroupies sous le capuchon des toits énormes, rapiécés de rose, les fermes ne sont point isolées. Il est bon d'être réunis pour peiner et se réjouir ensemble. Aussi se sont-elles groupées en villages. Elles surveillent de loin, l'œil indulgent, le rythme des travaux agrestes.

Par les fenêtres vous entrevoyez "les vieux intérieurs de l'Alsace avec leurs chaises sculptées et leurs tonneaux solides." Des troupeaux d'oies se pavanent dans les prés. Juchées sur quatre roues égales, de longues carrioles étroites sont attelées de vaches bien nourries, harnachées comme des poneys, ou de chevaux massifs, l'air raisonnable et un peu crâneur sous le bonnet rouge ou bleu qui leur encapuchonne les oreilles.

Chaque petite ville a sa physionomie. Un vieux pont en dos d'âne, une chapelle gothique, une vierge naïve, un puits délabré, mille ornements de pierre ou de bois sculpté rappellent le lien qui subsiste avec les siècles évanouis. Chacune sollicite l'attention du touriste. Chacune, l'ayant retenue, lui laisse quelque chose de plus que l'impression de la curiosité satisfaite : "Je n'ai jamais quitté une petite ville d'Alsace, me disait un ami, sans avoir le désir de lui donner une poignée de main." Je lui ai répondu : "Vous avez raison." Et ces vers d'Erckmann-Chatrian chantaient dans ma mémoire :

Dis-moi! quel est ton pays?

Est-ce la France ou l'Allemagne? —

— C'est un pays de plaine et de montagne ;

Une terre où les blonds épis

En été couvrent la campagne ;

Où l'étranger voit, tout surpris,

Les grands houblons en longues lignes

Pousser joyeux aux pieds des vignes

Qui couvrent les vieux côteaux gris!

La terre où vit la forte race

Qui regarde toujours les yeux en face…

C'est la vieille et loyale Alsace!

RIBEAUVILLÉ (VOSGES).

CHAPITRE III
STRASBOURG

La Cathédrale — Le Musée alsacien — La Chambre d'Oberlin

En Alsace il y a Colmar et Mulhouse. Colmar est exquise ; Mulhouse pleine d'activité. Mais au dessus d'elles il y a Strasbourg.

On vous dira : "N'y allez pas. Strasbourg n'est plus Strasbourg. Depuis quarante ans une ville neuve, toute en style 'colossal,' a pierre à pierre rongé la vieille ville médiévale, qui nous tenait au cœur, a fini par l'engloutir sous ses bâtisses."

C'est faux. Sans doute Strasbourg n'offre plus son unité de jadis. Des quartiers nouveaux sont nés avec des palais, des casernes, des entrepôts, des fabriques, des villas modern-style et tout le reste. Et de même que dans les rues, plus souvent que les anciens costumes, vous rencontrez des uniformes, de même presqu'au cœur de l'antique Strateburgum, vous êtes choqués par des monuments disparates : brasseries ahurissantes avec des façades vert d'eau ou violet suave ; cages de fer démesurées aux membrures contournées ; magasins agressifs, dépositaires de "galanterie waaren" ; "conditoreien" gênantes ; boutiques regorgeant de toutes les sortes de "delicatessen" ; (n'oubliez pas qu'outre Rhin "galanterie waaren" signifie modes et "delicatessen" charcuterie).

N'importe : un coin tourné tout cela cesse d'exister. Ici, c'est la vie fluviale, la "vieille France," les "ponts couverts." Là, au hasard des venelles étroites, toutes les merveilles des demeures vétustes aux pignons pointus, pittoresquement dentelés et découpés. A travers les toits immenses étrangement cabossés, expressifs comme d'anciens visages, les rangées des lucarnes veillent et clignent de l'œil. Ce sont, à profusion, des ornements de pierre et de bois, des balcons, des porches, des figurines, des balustres, tout le legs émouvant presque intact des artistes du moyen âge et de la Renaissance. Dans son tombeau de l'Église St. Thomas, Maurice de Saxe demeure endormi. Kléber étend toujours son geste héroïque sur la petite place ensoleillée en face des bonnes vieilles maisons bourgeoises assoupies. A l'angle d'une ruelle, la statue enluminée de l'Homme de fer monte la garde.

Et puis il y a la cathédrale.

*

* *

De quelque côté que vous arriviez à Strasbourg, la cathédrale, le "Münster" célèbre d'Erwin de Steinbach, érige au dessus des toits sa tour unique, symbole traditionnel de la cité, symbole de l'Alsace. Majestueuse, elle domine la ville agenouillée, relique de dentelle et de corail rose ourlée par les doigts minutieux des siècles.

Ses origines se rattachent aux légendes obscures qui unissent l'âme païenne au moyen-âge. "Si sa flèche touche aux étoiles, si haute que les anges devaient l'effleurer du bout de leurs ailes, ses fondements plongent dans un lac mystérieux où des monstres aveugles erraient confusément" (Marie Diémer). Aujourd'hui encore, "quand le silence s'est fait dans les rues, le passant attardé peut, nous dit Maurice Engelhardt, entendre le bruit des flots se brisant contre les piliers de la voûte souterraine. Il distingue le clapotement produit par les rames de la barque qui sillonne le lac, conduite par les âmes des trépassés."

L'entrée du lac, nous est-il affirmé, se trouvait dans les caves d'une maison située en face de la cathédrale. Plus d'une fois on tenta de l'explorer : "Chaque fois un tourbillon de vent sortait de l'orifice béant et éteignait les lumières de ceux qui voulaient s'aventurer dans le gouffre. Et quand on essayait de sonder avec des perches la profondeur de l'excavation, il apparaissait à l'ouverture des serpents, des crapauds, des salamandres énormes et tout un fourmillement de bêtes indescriptibles. Pour éviter des malheurs, l'ouverture fut murée et couverte de décombres, et aujourd'hui l'on ne sait plus où fut l'entrée de la caverne infernale."

Sur l'emplacement actuel de la cathédrale trois hêtres géants abritaient jadis, selon la tradition, l'autel où les Triboques sacrifiaient au dieu de la guerre et le puits où ils lavaient les victimes. Sous la domination romaine un temple de Mars lui succéda. Une église de bois dédiée à la Vierge remplaça le temple à l'avènement du christianisme. Et ce serait l'eau purifiée du vieux puits païen qui aurait servi à baptiser les premiers chrétiens et le roi Clovis lui-même.

Plusieurs autres bâtiments, selon toute vraisemblance, s'y succédèrent. C'est du XIIᵉ siècle que datent les parties romanes les plus anciennes de l'édifice actuel. Au siècle suivant, il prit son essor dans le style gothique. Le jour de la Chandeleur de l'année 1276, après avoir célébré la messe dans le chœur déjà construit, l'évêque Conrad de Lichtenberg se rendit solennellement sur la grande place, bénit la nombreuse assistance et donna le premier coup de pelle des fondations de la façade principale projetée par le grand architecte Erwin de Steinbach. En 1439 fut terminée la Tour du Nord, la seule qui ait été achevée, dont la flèche s'élève à une hauteur de 143 mètres.

Vous trouverez l'historique exact et la description détaillée de tout ce qui se rapporte à la cathédrale dans le petit livre excellent que lui a consacré Georges Delahache. Elle a vécu, nous dit-il, "toute la vie de la cité. Au centre de Strasbourg et de l'Alsace, 'comme un écho sonore,' elle a répercuté toutes les vicissitudes d'une histoire mouvementée. Elle a grandi avec les évêques, puis avec la bourgeoisie ; la Réforme y a passé, ennemie des images, 'servante de

Dieu seul ;' et la majesté de Louis XIV, irrespectueux du gothique ; et les enthousiasmes et les colères de la Révolution ; et, plus près de nous, les obus qui l'ont enlevée à la France. Elle demeure ; elle continue de vivre, dominant tous les villages de la plaine dont les noms chantent mélancoliquement au souvenir de ceux qui sont partis et faisant trembler d'une émotion un peu fébrile, dès qu'ils la devinent dans le lointain, le regard de ceux qui reviennent."

*
* *

Toute l'âme historique et légendaire de l'Alsace est enclose dans la cathédrale et les vieilles maisons qui l'environnent. Voulez-vous revivre sa vie locale, si pittoresque et variée à travers les siècles : allez au Musée alsacien.

Fondé en 1902 par un groupe de jeunes gens enthousiastes de leur pays et de son passé, il a eu pour but de réunir tous les objets se rapportant à l'art et à la tradition populaire de l'Alsace. Installé au cœur du vieux Strasbourg 23, Quai St. Nicolas, dans une ravissante maison ancienne qui lui appartient, il conquiert dès l'abord le visiteur, dont s'accroissent l'admiration et l'émoi pieux au fur et à mesure qu'il en pénètre, qu'il en détaille tous les trésors : la cour aux galeries superposées, les salles boisées, les sculptures populaires, le laboratoire d'alchimie, la chambre juive, les costumes de paysans et de paysannes des temps passés, les nombreux objets, meubles, ustensiles, etc., qui participèrent à la vie des siècles évanouis. Une série d'entreprises annexes permettent à qui le désire d'en emporter mieux que les souvenirs immatériels : le musée édite des publications illustrées artistiques, fournit des costumes authentiques, conformes à la tradition jusque dans les étoffes et les moindres accessoires, fabrique des poupées irréprochables au point de vue documentaire, des jouets alsaciens scrupuleusement exacts, etc.

Chaque année il s'enrichit de dons qui lui arrivent de toutes les parties du pays. Chaque année il ouvre une ou plusieurs salles nouvelles.

Peut-être que, dans sa simplicité, l'une des plus curieuses est la chambre d'Oberlin, le célèbre pasteur du Ban-de-la-Roche. Fidèlement copiée sur le "poële" que l'on peut voir encore dans les anciennes chaumières de Waldersbach ou de Belmont, elle a été reconstituée avec son plafond à poutrelles, ses portes basses et son fourneau en fonte. Un escalier en bois monte à l'étage supérieur. Les murs où règne un banc rustique, crépis et blanchis à la chaux, sont ornés de gravures et de nombreux portraits d'Oberlin. Une foule d'objets lui ayant appartenu ont été offerts par ses descendants : sa table de travail, ses collections d'histoire naturelle dans leur armoire, son fauteuil, la harpe de Mme Oberlin, un grand nombre d'autographes, de documents, de portraits et d'objets usuels. Au milieu de ce cadre intime, s'évoque dans sa candeur savoureuse une des physionomies les plus expressives de la vieille Alsace, l'une de celles où se résument de la façon la plus touchante sa ténacité ingénieuse, son esprit démocratique et libéral, sa religion à la fois pratique, mystique, active et tolérante.[1]

[1] Nous empruntons les détails qui suivent à l'excellente brochure de Mme E. Röhrich, MM. Rauscher et H. Haug : *Jean-Frédéric Oberlin* éditée par *La Revue Alsacienne Illustrée* en 1910.

*

* *

Jean Frédéric Oberlin — "papa Oberlin," comme l'appelèrent plus tard ses paroissiens — naquit à Strasbourg le 31 août 1740 d'une famille de bonne bourgeoisie dont la culture était à la fois française et allemande : "Je suis Germain et Français tout ensemble," écrira-t-il plus tard. Il prononcera ses sermons dans les deux langues et rédigera ses *Annales* alternativement dans l'une et l'autre.

Enfant plein de vivacité, il faillit se faire soldat : "J'étais soldat dès mon enfance. Mon goût se portait aux armes et à l'art de la guerre. Si je n'ai pas embrassé ce métier, c'est qu'on ne combattait pas alors contre la tyrannie et que je vis au contraire que dans l'état de pasteur à la campagne je pouvais faire infiniment de bien."

C'est en 1767 qu'il fut nommé pasteur au Ban-de-la-Roche. C'est là qu'il déploya pendant soixante ans, jusqu'à sa mort, une activité merveilleuse.

Petit canton de langue française de la Haute Alsace, le Ban-de-la-Roche était depuis l'époque de la guerre de Trente Ans retombé dans une sauvagerie de mœurs incroyable. L'ignorance y était crasse et universelle : le défaut de voies de communication maintenait en effet la population dans un isolement presque complet. On passait les ruisseaux sur des troncs d'arbres. Un voyage à Strasbourg était un exploit. Mme Witz-Oberlin, fille du saint homme, écrit dans ses souvenirs : "Lorsque ma mère, pour cause de santé, était obligée de se rendre à Strasbourg, son excellent époux l'accompagnait à pied avec tous les instituteurs de la paroisse et quelques hommes jeunes, forts et de bonne volonté… Chacun était armé d'une longue perche afin de pouvoir soulever la voiture aux passages dangereux."

TURCKHEIM.

Oberlin conçut son devoir à la façon d'un cerveau encyclopédique du XVIIIᵉ siècle. Il serait injuste de dire que son apostolat fut la moindre de ses préoccupations. Son éloquence familière et persuasive ne fut point dépourvue de valeur. Mais il estima que l'exemple serait la meilleure prédication, et qu'une fois que les paroissiens seraient devenus des hommes civilisés, ils seraient bien près d'être en même temps des chrétiens.

Pour leur apprendre l'agriculture, il se fait paysan, leur enseigne l'art des semailles et celui d'élever les bestiaux. De même, il devient architecte, ingénieur, agent-voyer, industriel, et manœuvre chaque fois qu'il le faut. Sur son impulsion, on perce des routes et neuf ponts sont construits. Lui-même défonce la terre le premier ou casse les cailloux. Par ailleurs il publie des circulaires, crée des caisses d'emprunt et de liquidation des dettes, une société populaire, une société des fours, une société des amis de l'humanité. Il remplace l'industrie minière en décadence par le filage et la fabrication de rubans de coton. Il forme des compagnies de pompiers, réorganise l'apprentissage…

L'instruction est son domaine particulier. Il ne consent à laisser restaurer le presbytère délabré de Waldersbach — sa "ratière" — que quand maîtres et élèves sont confortablement logés dans l'école communale. Conformément aux idées de Rousseau, il s'ingénie à multiplier les "leçons de choses," stimule l'émulation autant parmi les maîtres que parmi les élèves au moyen de concours et de récompenses. Des écoles populaires — on les intitule "poëles à tricoter" — sont créées pour les tout petits : entre la couture et le tricot les maîtresses y enseignent l'histoire sainte, la récitation, le calcul mental, un peu d'histoire naturelle et la botanique. Lui-même prend plaisir à composer des herbiers qui nous ont été conservés, et, "pour éviter toute cruauté," on observe les insectes vivants et on les relâche à la fin de la leçon.

Des familles bourgeoises mettent leurs enfants en pension chez le pasteur. Moyennant neuf francs par semaine — et souvent il y a des réductions! — ils reçoivent une instruction étendue et pratique. En même temps qu'on leur fait étudier les meilleurs auteurs, ils apprennent à faire du filet, des lacets, des souliers de lisière, des cartonnages, des ouvrages en crin et en paille, des gants, des mitaines. Les jeunes filles reçoivent un enseignement ménager complet : elles s'en retournent chez elles sachant cuisiner, lessiver, repasser, filer, faire leurs achats de ménage et conserver leurs provisions.

Le jeu n'est pas moins nécessaire que la science. Oberlin s'y montre aussi inventif qu'en pédagogie ; une multitude d'objets, — petits étuis, collections de cartonnages, découpages, silhouettes, imprimerie — sont façonnés de ses mains. Souvent en été la journée de travail se termine par une promenade qui est en même temps l'occasion d'une leçon d'astronomie.

Ayant une teinture de tout ce qui s'enseigne, langues mortes, sciences théologiques, métaphysique, logique, géométrie, trigonométrie, géographie ancienne et moderne, histoire universelle, physique, histoire naturelle, histoire de la philosophie, droit naturel, antiquités égyptiennes, hébraïques, grecques et romaines, le bon pasteur est aussi préoccupé des besoins du corps que de ceux de l'esprit. Il propage des notions de médecine et de chirurgie, invente un "thé naturel" et plusieurs tisanes. Et comme l'instrument de Pourceaugnac est encore inconnu au Ban-de-la-Roche, il l'y importe ; et c'est de ses propres mains que, jusqu'à ce que son usage soit vulgarisé, il l'administre à ses paroissiens.

La période révolutionnaire n'est pas sans lui amener quelques difficultés. Enthousiaste des nouveaux principes, il abhorre les excès et les violences, les déplore quand ils se produisent et témoigne de sa sincérité en donnant asile à des proscrits. Mais, respectueux des autorités, il s'efforce autant qu'il lui est possible de se mettre en règle avec les prescriptions nouvelles. Au nom d'église, il substitue celui de "temple de la raison," observe le décadi au lieu du dimanche, célèbre le culte sous le nom de "club," intercale des sujets temporels entre les chants, les prières et le sermon, et achève de républicaniser l'allure de ses offices en se faisant adjoindre un citoyen greffier et en nommant un président à chaque séance. L'usage des cloches étant interdit, on appelle au culte par un roulement de tambour. Des prières sont dites régulièrement pour les États-Généraux, l'Assemblée législative, la Convention nationale, pour "nos soldats" et pour le Premier Consul.

Quand la patrie est en danger, Oberlin lui donne plusieurs de ses enfants. En 1795, Charles-Conservé est nommé chirurgien militaire à Strasbourg ; Henri-Gottfried part comme conscrit le 26 novembre 1799 ; Frédéric-Jérémie est tué à l'ennemi.

L'ardeur de ses convictions, la pureté de sa conduite n'empêchent pas Oberlin d'être arrêté en décembre 1793. Il est remis en liberté après le 9 Thermidor. A peine libéré, il témoigne de son zèle civique de la manière la plus utile en luttant contre la dépréciation des assignats qui menace de ruiner la République. Sa propagande judicieuse et infatigable vaut aux habitants du Ban-de-la-Roche de se voir décerner une mention honorable par la Convention dans sa séance du 19 Frimaire An II.

On multiplierait indéfiniment les témoignages de cette activité où tout l'idéalisme alsacien se combine avec le sens pratique le plus avisé. L'influence d'Oberlin s'étendait et s'affermissait sur tous ceux qui l'approchaient. Avant la Révolution le baron de Diétrich, sous l'Empire le préfet Lezay-Marnézia sollicitaient ses conseils ; Paul Merlin, fils du conventionnel Merlin de Thionville, lui voua une telle admiration que son vœu suprême — d'ailleurs exaucé — fut d'être enterré auprès de lui.

A mesure qu'il avançait en âge, son autorité croissait comme celle d'un patriarche à cheveux blancs : "Sa vue seule, dit un contemporain, inspirait le respect et la déférence. Sa présence, un moment d'entretien avec lui vous détachait en quelque sorte des choses de ce monde : vous éprouviez des sentiments délicieux."

Il garda jusqu'au bout son activité. A soixante-dix ans, quand un incendie éclatait, il était le premier sur les lieux : et c'était plaisir de le voir s'élancer à cheval avec un aplomb que plus d'un jeune cavalier lui eût envié.

Octogénaire, il disait quelquefois : "Je ne suis plus bon à rien… L'esprit a toujours sa vivacité, mais le corps n'en veut plus et refuse son service." Pourtant il trouvait encore moyen, en passant devant la fontaine, d'aider une vieille à charger un seau d'eau et de ramasser des brindilles de bois pour allumer le feu d'une pauvresse infirme.

"Aussi, quand, le 28 mai 1826, le glas funèbre annonça la fin de cette longue et belle carrière, les habitants du Ban-de-la-Roche se sentirent-ils 'tous orphelins' et prirent-ils spontanément le deuil pour trois mois. On fit au défunt de grandioses funérailles auxquelles participèrent non seulement ses paroissiens et ses amis, mais encore beaucoup de gens venus du dehors et les catholiques des villages environnants."

Dans la petite chambre du Musée alsacien, feuilletant les cahiers de notes, les herbiers, ou les découpures du pasteur citoyen, vous sentirez le passé renaître et vivrez de douces minutes.

CHAPITRE IV
LES CIGOGNES

Les nations ont presque toutes leurs animaux symboliques. Il y a l'aigle allemande, le léopard britannique, le coq gaulois. Il y a la cigogne alsacienne. Sa longue silhouette dégingandée, cocasse, et familière est aussi inséparable de l'Alsace que le nœud aux larges ailes, l'accent de Kobus ou la flèche de la cathédrale. C'est elle qui apporte dans son bec les petits enfants dont l'arrivée est si mystérieuse. C'est elle dont le voisinage s'acoquine aux vieux toits grimaçants et aux hautes cheminées.

Il y a longtemps que Pline l'Ancien a noté les habitudes migratoires des cigognes. Dans son *Histoire de la Nature*, il écrit : "De quel lieu viennent les cigognes, en quel lieu se retirent-elles? C'est encore un problème. Nul doute qu'elles ne viennent de loin, de même que les grues. Celles-ci voyagent l'été, la cigogne l'hiver. Avant que de partir, elles se réunissent dans un lieu déterminé. Nulle ne manque au rendez-vous à moins qu'elle ne soit esclave ou prisonnière. Elles s'éloignent toutes à la fois comme si le jour était fixé par une loi. Jamais personne ne les a vues partir, quoique partout elles annoncent leur départ d'une manière sensible. Nous nous apercevons bien qu'elles sont venues, mais jamais nous ne les voyons venir. Le départ et l'arrivée ont toujours lieu la nuit."

La description de Pline est toujours exacte en majeure partie. Mais nous savons maintenant d'où arrivent les cigognes. C'est d'Égypte, d'Arabie, de Grèce et de toutes les régions de l'Afrique jusqu'au cap de Bonne-Espérance. "On montre à Bâle, dit Toussenel, dans une salle de l'hôtel de Ville, une cigogne empaillée dont le corps est traversé de part en part d'une flèche africaine des environs du Cap." Un gentilhomme polonais avait mis au cou d'une cigogne familière de son toit un anneau de fer muni de l'inscription suivante : *hæc ciconia ex Polonia* (cette cigogne vient de Pologne). Elle revint l'été suivant portant un collier d'or où l'on lut : *India cum donis remittit ciconiam Polonis* (l'Inde renvoie la cigogne aux Polonais avec des présents). Il semble que la vallée du Rhin attire l'espèce d'une manière particulière.

C'est au printemps que "fendant les airs, les pieds allongés, le bec droit, les cigognes arrivent." Elles s'abattent sur quelque colline, discutent bruyamment entre elles, reconnaissent les lieux, puis se séparent par couples et vont reprendre les mêmes nids qu'elles occupaient quelques mois plus tôt. Dans plusieurs villes d'Allemagne, leur retour est célébré par des fanfares. Elles sont assez sociables. Juvénal nous apprend que sur le temple de la Concorde, à Rome, il y en avait un nid malgré le tumulte du Capitole. En Alsace elles s'installent le plus volontiers sur les cheminées larges et hautes, couplées à trois ou à quatre, où une plate-forme est ménagée et les abrite contre la fumée. Quelquefois aussi on dispose pour les attirer une vieille roue à plat sur le haut d'un mât. Elles y façonnent une corbeille d'où la paille déborde et où elles pondent leurs œufs. Ils sont au nombre de trois ou quatre, d'un blanc tirant sur le vert, d'un grain fin, un peu plus allongés et moins gros que ceux de l'oie. La mère couve un mois, et pendant ce temps elle est nourrie par son mâle. Tous deux montrent pour leurs petits la plus grande sollicitude, s'ingénient à rendre leur couche plus douillette et surveillent anxieusement leurs premiers ébats. A l'occasion, le dévouement des parents va plus loin. A la bataille de Friedland, le feu fut mis par des obus à une ferme ; il gagna un arbre desséché où nichaient deux cigognes. Elles s'envolèrent d'abord, mais, comme leurs petits ne purent les suivre, vinrent les rejoindre et finalement furent étouffées. De même, à Utrecht, dans un incendie, on vit une femelle revenir se faire brûler sur ses cigogneaux.

De bonne heure les mœurs particulières de la cigogne et son aspect frappèrent l'attention des hommes. Elle est représentée sur des médailles du temps d'Adrien comme sur beaucoup d'armoiries hollandaises et allemandes du moyen âge. Dans l'antique Égypte, on lui voua un culte. En Thessalie, on punissait de mort son meurtrier. En Grèce, on appela loi Cigogne la loi qui obligea les enfants à nourrir leurs vieux parents : exemple, disait-on, invariablement donné par ces oiseaux eux-mêmes. Ils fournirent à Aristophane le sujet d'une comédie, aujourd'hui perdue, où, probablement, était célébrée la piété filiale.

UN VIEIL ALSACIEN.

Quelque chose de ce respect traditionnel survit aujourd'hui encore en Orient et aussi en Alsace. On est reconnaissant à juste titre à la cigogne de détruire les reptiles, les mulots et toute sorte de vermine. C'est un spectacle pittoresque de la voir parfois suivre une charrue et derrière elle picorer les larves et les insectes dans le sillon. Ajoutons qu'heureusement pour elle sa chair est détestable : voilà sans doute ce qui consolide l'immunité dont elle jouit.

Mais on lui attribue volontiers de bien autres mérites. Dans *L'Évangile des Quenouilles*, imprimé à Bruges en 1475, on lit : "Quand une cigogne fait son nid dans une cheminée, c'est signe que le seigneur de l'hôtel sera riche et vivra longtemps." D'autres estiment qu'elle protège la maison contre la foudre. Dans tous les cas, elle porte bonheur. Les plus sceptiques n'en doutent pas. On nous rapporte qu'un brave industriel de la vallée de St. Amarin, un peu esprit fort, vit, il y a quelques années, au mois de mars, un couple de cigognes venir faire leur nid sur la cheminée momentanément inactive de son usine. Plutôt que de déranger les oiseaux familiers, il dépensa plusieurs milliers de francs à la construction d'une autre cheminée. Inutile d'ajouter que ses affaires prospérèrent par la suite d'une manière inouïe.

Les jeunes filles qui aperçoivent une cigogne ne manquent pas de guetter ses gestes avec une émotion compréhensible : si l'oiseau fait quelques pas à leur rencontre, c'est signe de mariage.

Mais surtout la collaboration de ces échassiers est précieuse au moment de la naissance des petits enfants. Une antique légende les considère comme incarnant certaines survivances des trépassés : à elles revient naturellement la mission d'aller, au fond des puits obscurs, chercher l'âme destinée au petit être qui fait sa première apparition sur la terre. De nos jours les choses se sont simplifiées. Quand Jobely et Freneli s'obstinent à demander d'où vient le nouveau petit frère ou la petite sœur, la réponse est toute prête : c'est la cigogne qui, l'abritant bien soigneusement sous son aile, l'a déposé dans le berceau tout blanc. L'image popularise ses exploits. En découpures, en bois, en papier mâché, en sucre, en chocolat, elle participe à toutes les fêtes où l'on échange des bons vœux et des cadeaux.

J'ai vu assez souvent des cigognes errer gravement à travers les champs. Et l'an dernier à Turckheim nous admirions les évolutions aériennes d'un couple et les débuts de leur jeune couvée. Pourtant il paraît que ce sont des exceptions. On lisait récemment dans *Le Journal officiel de la Société des Chasseurs de France* :

"Le nombre des cigognes alsaciennes diminue beaucoup. Jadis, les voyageurs qui allaient de Colmar à Mulhouse pouvaient voir des douzaines de cigognes dans les prairies marécageuses qui bordent la Lauch et la Thur. Aujourd'hui, dans les mêmes régions, on ne voit plus que des échantillons isolés. Par suite des travaux de régularisation de l'Ill et de ses affluents, les prairies ont été asséchées et les échassiers migrateurs n'y trouvent plus leur nourriture aussi facilement qu'autrefois.

"A Colmar même, où l'on comptait encore 32 nids en 1870, il n'en reste plus actuellement que 4. Il paraît que les réseaux aériens du télégraphe et du téléphone ont aussi contribué à écarter les cigognes. Dans les villes, la vie est devenue plus agitée et plus bruyante, et, enfin, les propriétaires des maisons dont les toits étaient surmontés de nids n'ont pas pourvu à leur entretien comme il eût convenu."

Peut-être qu'elles ont encore un autre motif de mécontentement : l'annexion. Car la cigogne est un oiseau Welche. Ses longs bavardages — clap, clap, clap — imitent à s'y méprendre (du moins on l'estime outre Rhin) la langue française. Ce n'est pas une raison pour qu'elle soit moins bien accueillie en Alsace.

Les petits enfants ne manquent pas, quand ils l'aperçoivent, d'entonner le vieux refrain traditionnel :

Storch, Storch, langi Bein,

Trag mi uf em Sessel heim.

Wohin? wohin?

Ins liewe Elsass nîne.

"Cigogne, Cigogne, longues jambes — porte-moi à la maison comme sur un fauteuil. Où donc? où donc? dans la chère Alsace."

Mais souvent, nous apprend Mme Gévin-Cassal, on introduit une variante. Ce n'est plus dans la "liewe Elsass," c'est dans la "liewe Frankreich," dans la "chère France," que les petits enfants d'aujourd'hui adjurent l'oiseau familier de les transporter.

CHAPITRE V
LE CARACTÈRE ALSACIEN

Les cigognes peuvent disparaître. Sous les vieux toits qu'elles délaissent, l'Alsacien demeure le même, identique à ce qu'il fut à travers les siècles. Peu de races ont une personnalité plus robuste et plus savoureuse. Elle est caractérisée par la fusion d'un idéalisme convaincu et d'un tempérament exceptionnellement bien équilibré.

*
* *

Si haut que l'on remonte dans l'histoire, l'Alsace eut l'instinct religieux. De gracieux récits nous montrent comment le christianisme y succéda aux dieux païens.

Un jour, conte la légende dorée, rapportée par Mlle Diémer, trois voyageurs rencontrèrent des légionnaires qui rayaient une route romaine à travers la montagne. Le centurion qui commandait la troupe les interrogea : d'où venaient-ils?

— De Rome.

— Où allaient-ils?

— Là-bas, de l'autre côté de la montagne.

Le centurion leur donna un guide. Pendant une heure ils marchèrent. Tout à coup, dans le soleil couchant, à leurs yeux la plaine se découvrit.

Alors le plus âgé des voyageurs se tourna vers ses compagnons. Son geste montra la terre d'Alsace fertile et baignée de lumière : "Frères bien aimés, dit-il, préparez vos javelles, car voici la moisson que le Seigneur vous donne."

S'étant assis, ils prirent un frugal repas et puis, avant de se remettre en route, lièrent ensemble deux rameaux en forme de croix. Puis, à la pointe du couteau, l'un d'eux traça des signes sur le grès.

Quelques jours après un passant s'arrêta et lut :

"Au nom de Dieu et de Notre Seigneur Jésus, moi, Materne, disciple de Pierre, j'ai pris possession du pays."

Cette possession fut durable. Le moyen âge vit la plaine et les montagnes se hérisser d'églises, de chapelles, de couvents, de monastères. Plus tard la réforme ne fut pas accueillie avec moins de ferveur. Même dans les temps de scepticisme la foi, d'une manière générale, a subsisté. Mais elle fut toujours tolérante en Alsace : souvent protestants et catholiques alternaient leur culte dans le même édifice.

Toujours aussi la religion y demeura cordiale et, si j'ose dire, bon enfant. Les prédicateurs du moyen âge savaient gaillardement, par quelque comparaison familière, retenir l'attention de leurs ouailles, tel ce théologien qui comparait l'Église à une ânesse :

"La tête, c'est Christus ; les deux oreilles représentent les deux testaments : le vieil et le nouveau. Les quatre jambes, ce sont les quatre évangélistes. Le derrière, c'est l'Enfer autour duquel bourdonne un essaim de moucherons qui sont les mauvais écoliers, lesquels veulent aller en enfer. Mais la queue qui frétille, brandille, et les fouaille sans répit, ce sont les bons prédicateurs dont la parole vaillante les empêche de tomber dans le gouffre."

Les curés gardent aujourd'hui encore cette humeur volontiers populaire. Ils se mêlent à la vie de leurs ouailles, et, fût-ce même du haut de la chaire, ne dédaignent pas, quand il le faut, de les stimuler avec quelque verdeur. Témoin ce prêtre de campagne qui, un dimanche de Pâques, voyant des commères s'agiter et regarder l'heure, fit une pause et, goguenard, les interpella : "Allons, allons, ne vous tortillez pas tant : votre choucroute ne brûlera pas ; je vais avoir fini."

*

* *

C'est qu'autant que l'instinct religieux, l'Alsacien a l'instinct démocratique. Sans doute la vie communale des petites républiques du moyen âge le lui a-t-elle inoculé dans le sang. Les bourgeois des villes du Rhin n'estimaient pas leurs filles un mauvais parti pour un empereur. Même la monarchie absolue fut impuissante à changer tout à fait cet état d'esprit. La Grande Mademoiselle nous conte avec quelle aisance, dans le voyage de 1673, un bonhomme de bailli de Châtenois, qui jadis avait été précepteur à Paris, interpellait Louis XIV et lui demandait sans façon des nouvelles des uns et des autres. Le brave Rapp ne fut pas toujours beaucoup plus protocolaire avec Bonaparte. Un jour, lisons-nous dans les *Mémoires d'Isabey*, "Rapp, étant de service, dut annoncer les envoyés de Corse. Malgré les gestes du premier Consul qui l'invitait à se retirer, il demeure dans le salon. Après l'audience, Bonaparte lui demande pourquoi il n'avait pas voulu sortir : 'Téné, chénéral, répond Rapp, avec sa forte prononciation alsacienne, tous ces Corses sont des s… coquins.' Cela dit, il vient dans la pièce où nous étions réunis nous conter la chose. 'Che crois que che fiens de tire une pétise,' ajoute-t-il en se grattant la tête. 'Tu en es bien capable,' s'écria en riant Savary. A dîner, le premier Consul, prenant un air sévère, demande à Madame Bonaparte si elle avait entendu dire que tous les Corses étaient des coquins. 'Demande à Rapp, ajoute-t-il, il

- 24 -

te le dira.' Puis il partit d'un franc éclat de rire auquel nous nous joignîmes tous. Il augmenta la confusion de ce pauvre Rapp. Ce fut, au reste, la seule punition que le premier Consul lui infligea."

Napoléon eut raison de ne pas se montrer plus rigoureux : vingt-trois blessures reçues à l'ennemi témoignèrent que Rapp maniait mieux le sabre que la langue.

*

* *

Au reste peut-être le grand empereur lui-même n'eût-il pas réussi à faire de ces têtes carrées d'Alsaciens des courtisans. Le goût de la plaisanterie, de la satire, a toujours fleuri entre le Rhin et les Vosges.

COLMAR.

Sentimental et fortement épris de tous les liens de la famille, l'Alsacien du moyen âge n'en a pas moins autant que quiconque raillé l'état de mariage, cet "état d'une douceur qu'on peut appeler gâtée et mêlée d'amertume et comparer à une belle pâtisserie à la croûte bien dorée et dont la pâte délicieuse serait lardée de mouches." Il n'a pas plus épargné les femmes, dont les meilleures, nous dit-on, mettent à une si rude épreuve la patience de leurs maris : "De quelque façon que vous les épluchiez, le diable est toujours dans vos épinards." Hélas! c'est de leur origine même qu'elles tiennent cette loquacité qui nous désespère : "Car Adam a été fait de terre, Eve d'une côte d'Adam. Or mettez de la terre dans un sac et dans un autre des os, secouez les tous les deux, c'est le second évidemment qui fait le plus de bruit" (Kœnigshoven).

Traitant ainsi ce qu'il respecte davantage, on conçoit que l'Alsacien ait toujours été plus disposé à railler toute autorité qui lui semble oppressive qu'à s'incliner devant elle. Ses nouveaux maîtres depuis 1871 l'ont bien éprouvé. Par la plume de ses publicistes comme par le crayon de ses dessinateurs, l'Alsace ne s'est pas fait faute de dauber le professeur pédant, le fonctionnaire gourmé et l'émigré famélique sous lesquels le plus souvent s'offre à elle la civilisation allemande.

*
* *

Mais fût-elle parfois mordante, la satire alsacienne n'est pas venimeuse. C'est l'humour, non la haine qui l'inspire. Jusque dans ses antipathies, l'Alsacien demeure bonhomme. S'il n'est pas gobeur pour ce qui vient du dehors, il ne tient pas non plus à se "monter le cou." Ce qu'il revendique, c'est le droit de continuer à être ce qu'à travers les siècles il a toujours été : lui-même. Aujourd'hui encore, au touriste qui passe, sa vigoureuse personnalité se manifeste par toutes sortes de signes. Entre tous il en est deux qui ne peuvent passer inaperçus : le costume et l'accent.

Le costume d'abord. Avec des variantes de village à village, nous le connaissons bien.

"Les hommes, décrit Paul Acker, portent le pantalon noir, la veste courte et noire aussi, le gilet rouge à double rangée de boutons, ouvert sur la chemise de toile blanche, le feutre noir. Naguère les vieux portaient un ample habit noir avec un tricorne et les anabaptistes une redingote sans bouton. Pour les femmes une jupe froncée à la taille, fermée sur le côté et bordée d'un long ruban de velours à fleurs polychromes ; rouge si la femme est catholique, verte si elle est protestante. Un corselet de velours ou de soie à fleurs d'une grande richesse de couleur ; un plastron ou avant-cœur chargé de paillettes d'or et d'argent et de verroteries, brodées en dessins variés sur un fond de fantaisie ; une collerette en fil crocheté et tricoté à la main ; sous le corset la chemise ; la dentelle de ses manches répète toujours les motifs de la dentelle de la collerette ; sous la jupe un jupon de flanelle avec un dessin à grands ramages sur fond de couleur ; le jupon est fortement froncé à la taille et le bas est garni d'un large ruban écossais qui dépasse la jupe ; sur le corselet un fichu de soie brochée à longues franges, de couleurs chatoyantes, croisé sur la poitrine et plissé à la nuque ; à la ceinture un tablier en soie, d'une couleur s'harmonisant avec les nuances du fichu et retenu par un large ruban de soie en couleurs assorties qui fait le tour de la taille et retombe en longues brides sur le devant ; des bas en coton blanc tricoté à la main et des chaussures ornées d'une bouffette de velours assorti au ruban du bas de la jupe. Enfin la coiffe en velours brodé de paillettes d'or et d'argent et surmontée du grand nœud en faille noire dont les fronces exigent un tour de main difficile à acquérir."

Sans doute en Alsace comme ailleurs la couleur locale s'efface et les choses tendent à s'uniformiser. En plus d'un endroit les modes se transforment à l'instar de Paris. Plus d'une "Meyele" accorte pense gravir un échelon de l'échelle sociale en abandonnant la coiffe ancestrale pour un chapeau hideux agrémenté le dimanche d'un "gomme il faut" : (lisez : voilette). N'importe. En Alsace plus qu'ailleurs le costume subsiste, marque l'empreinte tenace d'un particularisme volontaire et délicieux.

*

* *

Et il y a aussi l'accent.

La langue populaire de l'Alsacien est on le sait le "dietsch," un dialecte d'origine germanique vigoureusement modulé. La domination française l'a respecté. Il a naturellement continué à subsister depuis. Il n'a pas cessé de marquer d'une intonation originale et inoubliable le langage de l'Alsacien alors même que celui-ci renonce à s'exprimer dans son idiome provincial.

L'a-t-on assez plaisanté, ce fameux accent alsacien! Mon ami Carlos Fischer en a analysé les composantes autant en linguiste qu'en psychologue.

Il se manifeste d'abord par la fréquence du "cuir," et puis, peut-être d'une façon encore plus caractéristique, par une espèce de "chantonnement *sui generis…* Il traîne nonchalamment, puis, tout d'un coup, on ne sait pourquoi, pique en l'air, en quelque sorte, et plonge ensuite, toujours sans raison, en abusant lâchement, au bout d'une phrase, de l'inertie des dernières syllabes, pour les entraîner dans sa chute imprévue."

Au passif du "cuir" alsacien, il y a des anecdotes qui sont pour ainsi dire classiques. Vous connaissez, n'est-ce pas, la fameuse charade : "Mon premier il a tes tents, mon second il a tes tents, mon troisième il a tes tents…" Et le "tout" est "chalouscie"!

Et aussi l'histoire de la brave femme qui met un écriteau à sa fenêtre pour annoncer qu'elle *Carde les Matelas et les Enfants* ; et l'aventure du monsieur qui, dans un établissement de bains, ayant demandé un peignoir se vit vertement rabroué par la tenancière indignée : croit-il donc que chez elle les clients se baignent dans des tonneaux?

Pourtant le cuir est moins tenace encore que la mélopée. Elle reparaît, au moins par accès, jusque chez les Alsaciens les plus déracinés. C'est, à n'en pas douter, la combinaison de l'un et de l'autre qui, en 1860, faisait admirer au duc de Palikao la facilité des Alsaciens pour les langues. Car, entendant deux braves troupiers Strasbourgeois du corps expéditionnaire d'Extrême Orient causer entre eux avec des modulations étranges et inintelligibles, il ne mettait pas en doute qu'ils n'eussent appris le Chinois!

Gardons-nous au surplus d'exagérer la blague. Lequel d'entre nous, aujourd'hui, passé la frontière, l'entend, cet accent, sans un petit serrement de cœur? Et puis, quoi, savons-nous pas que selon le proverbe : "Chaque oiseau chante comme il a le bec fait."

*
* *

Le bec de l'Alsace a cette particularité entre d'autres d'être bien endenté. La chose vaut bien un chapitre original.

CHAPITRE VI
"L'ALSACE À TABLE"

L'Alsace à table : c'est le titre d'un volume délicieux où avec une érudition minutieuse, souriante et de bonne compagnie, M. Charles Gérard, Alsacien d'adoption, a évoqué les splendeurs gastronomiques de sa petite patrie. C'est celui d'un chapitre nécessaire dans toute esquisse de l'Alsace.

Il est, le croirait-on, des grinchus qui ont contesté au pays de Kobus le mérite de la bonne chère.

Un funeste médecin de la fin du XVIIᵉ siècle nommé Maugue osait s'exprimer comme il suit sur la cuisine alsacienne :

"Outre que les aliments participent du climat où ils croissent, ils sont par eux-mêmes grossiers et visqueux ; ces aliments consistent en épinards, en raves, en navets tant crus que cuits, en fèves, en pois, en chneits (Schnitzen), en riz, en orge mondée et en choux de toute espèce... Les Alsaciens ne sont pas friands de bonne chère ; leurs viandes sont mal apprêtées ; leurs ragoûts sans délicatesse, leur rôti sec ; ils mangent peu de viande ; ils font une soupe d'une ou deux livres de bœuf qui se promène quelque temps dans un baquet d'eau bouillante ; les herbes n'y cuisent pas ; on se contente de les mettre sur le pain coupé lorsqu'on y verse le bouillon ; s'ils mangent peu de bonne viande, ils en mangent beaucoup de mauvaise... Ils aiment le rôti fort sec, et il est ordinairement à demi froid quand on le sert parce que l'usage est de le porter dans le vestibule pendant qu'on mange les salades qui sont les premières servies et seules... Que peut produire un genre de vie tel que celui des Alsaciens, qu'un sang grossier, épaissi, froid et mal travaillé?"

On ne saurait trop protester contre de telles assertions. Sans doute — et cela est tout à son honneur — l'Alsacien sait être frugal. Il n'y a pas longtemps encore que dans telle région montagneuse, la population ne vivait que de petit lait, de fromage, de pommes de terre cuites à l'eau, de pain dur, avec à peine de temps en temps un morceau de lard.

Dans le Kochersberg, la simplicité des mœurs nous était ainsi décrite il y a peu d'années :

"A onze heures la cloche du village annonce le dîner. A moins que les travaux de la moisson ou de quelque autre récolte importante ne retiennent les gens dehors, tout le monde, grands et petits, se rassemble autour de la table qui est de chêne ou d'érable et y prend place selon son rang et son âge. Le haut de la table est occupé par le fermier, le père de famille. A sa droite est placé le grand'père, à sa gauche le fils aîné ; après l'aïeul viennent la grand'mère, la femme, les filles, la première servante, la seconde et la gardeuse d'enfants ; après le fils aîné se placent le premier valet, le second, les journaliers et les petits garçons. Les mets, presque toujours des légumes couronnés de lard savoureux, sont apportés dans des plats formidables. Ils passent à la ronde et chacun se sert lui-même. Il n'y a qu'un verre pour toute l'assistance. Le père de famille le remplit de vin de son cru, le passe à l'aïeul, boit après lui et le passe à gauche du côté des hommes. Il revient au père après qu'il a desservi toutes les bouches masculines."

Mais de tels tableaux ne sauraient sans injustice, faire méconnaître ni la richesse traditionnelle de l'Alsace en denrées gastronomiques, ni combien elle se montra capable d'y faire honneur.

Des deux côtés du Rhin, les meilleurs observateurs ont célébré de tout temps l'excellence de ses produits naturels : blé, vergers, vignes, plantes potagères, poisson, gibier, bétail, lait et beurre. Point de pays où il y ait "tant de commodités pour la vie de l'homme." L'histoire nous a transmis des récits de chasses et de pêches à faire rêver. En 1627, dans une seule battue, l'archiduc Léopold tuait jusqu'à 600 sangliers. On pêchait dans le Rhin des carpes atteignant 40 et même 49 livres et des brochets de même poids. En 1759, on en servit un qui pesait 80. L'anguille dépasse aisément huit livres ; le saumon, "le plus noble de tous les poissons," y est abondant. L'écrevisse y atteint une perfection rare : "cancer laudatissimus." Le marché de Strasbourg était au XVIIe siècle un vrai musée culinaire : "Là le riche peut satisfaire sa sensualité gourmande et le peuple pourvoir à sa faim."

LISIÈRE DE LA FORÊT NOIRE.

A travers les siècles, l'appétit de l'Alsace fut à la hauteur des bienfaits de la Providence. Qu'on en juge d'après le menu d'un repas de chanoines au XIIᵉ siècle. Il comprit les plats suivants :

1º Jambons ; pieds et tête de porc en saumure ou dans une gelée de jeunes porcs.

2º Parties internes de la bête accommodées de neuf manières différentes ; trois sortes de boudins, andouilles ; gigot, langue, filet, le tout bien poivré.

3º Bœuf fumé reposant sur un lit de choux.

4º Gros lard d'un porc gras et lard d'un jeune porc dûment pourvus de poivre.

5º Grillades et rôtis de porc.

6º Verrat garni de viandes de venaison.

7º Lard gras avec forte moutarde.

8º Un plat de millet accommodé aux œufs, au lait et au sang de porc.

9º Enfin, et pour la clôture, épaule de porc rôtie et piquée au lard.

Quelqu'estime qu'on fasse du cochon, peut-être jugera-t-on qu'il occupe ici une place trop prépondérante. Un peu plus tard on sut mieux varier la chère. Voici le repas que l'on offrait à l'évêque de Strasbourg en 1449.

PREMIER SERVICE.

- 1. Un plat de choux.
- 2. Bœuf bouilli.
- 3. Ragoût d'amandes blanches garni de poules.
- 4. Poissons dans une gelée noire.

5. Pâté de flans.

SECOND SERVICE.

- 1. Civet de sanglier.
- 2. Pâté de cerf.
- 3. Bouilli de gruau au caramel.
- 4. Une pâtisserie enluminée.

- 5. Blanc-manger.

TROISIEME SERVICE.

- 1. Riz saupoudré de sucre.

- 2. Chapons, poules et cochons de lait rôtis.

- 3. Gelée de volaille et de veau avec une sauce sur le tout.

- 4. Pâtisserie ayant l'aspect de poires (beignets).

- 5. Compote de pruneaux.

Il ne semble pas que de nos jours l'appétit des gens d'Église ait beaucoup dégénéré. Mme Gévin-Cassal nous a conservé le menu du dîner qu'un brave curé de campagne offrait à ses collègues réunis chez lui pour discuter des intérêts de canton le 15 juillet 1877. Je le reproduis sans commentaire :

Potage Tapioca.

Bœuf, radis, raiforts cuits, concombres.

Brochet en sauce blanche et nouilles.

Choux garnis d'andouillettes et de lard.

Filet de porc rôti et purée de pommes de terre.

Civet de lapin aux petits oignons doux.

Fricassée de poulet.

Pigeons rôtis.

Salade garnie d'œufs et de jambons.

DESSERT : Tourtes aux fraises et aux cerises.

Madeleines, petits fours, "strüble," meringues, beignets secs saupoudrés de sucre et de cannelle, confitures diverses, corbeilles chargées de fruits.

Café avec "gloria" et tous les sacrements d'usage — sans oublier le verre à bordeaux de double cumin (*doppelt Kümmel*) digestif.

Ne vous imaginez pas d'ailleurs que le monopole des festins plantureux ait été réservé aux ecclésiastiques. M. Laugel nous parle d'un repas de noce qui eut lieu à Mietisheim il y a quelques années : on y consomma 1200 livres de bœuf, 700 de veau, 100 de saucisses, sans parler des légumes, de la soupe, des volailles et des desserts. Pour fabriquer le pain, il avait été utilisé 27 sacs de farine.

On ne saurait bien manger sans boire. Dès le temps de l'Empire romain, Probus rendait hommage au vignoble alsacien. Et ce fut en grande partie à cause de ses vignes que Louis le Germanique revendiqua l'Alsace dans son domaine. Au moyen âge elle exportait ses vins de tous côtés. Il faut regretter pour la gloire d'Erasme qu'il les ait méconnus. Les mérites comparés du riquewihr, du hunawihr, du turckheim, du rangen, du finkenwein (vin des pinsons) et du joyeux "kitterlé," dit brise-mollets à cause de la facilité avec laquelle il vous met son homme par terre, trouvèrent de nombreux et joyeux arbitres. Tel devait être bu dans un gobelet de terre ou de verre, tel dans du bois, tel dans une coupe d'or. Tel était déconseillé aux dames, "de peur que ces dames ne devinssent trop maîtresses de leurs maris." Pour les hommes il n'y avait pas le même scrupule : "Qui n'a jamais eu une pointe n'est pas un honnête homme." Avec quelle ardeur on rivalisait à être honnêtes gens! Bien boire, n'est-ce pas le remède à la plupart de nos maux : "Un coup de vin sur la salade enlève un ducat au médecin ; un coup sur un œuf lui en enlève deux." Bassompierre, le célèbre Bassompierre, succomba en Alsace aux assauts des chanoines de Saverne. Traité par eux, il demeura cinq jours ivre mort et fut deux ans avant de pouvoir avaler une gorgée de vin.

Il n'y a pas trop à s'étonner que le législateur maussade se soit efforcé de mettre un frein à tant de bombances et un peu d'eau dans tant de vin. Il ne paraît pas au surplus qu'il se soit montré très rigoureux. Par an, cinquante-trois occasions légitimes de ripailles sont reconnues au moyen âge, sans compter les extraordinaires, telles qu'un enterrement ou une pendaison : en ce dernier cas, le patient est admis à faire bombance avant la cérémonie, les magistrats après.

Souhaitons que les prescriptions édictées par les manuels de savoir-vivre aient été plus strictement observées.

Un petit livre de 1624 contient à l'usage de MM. les jeunes officiers invités en Haute-Alsace à dîner chez l'archiduc d'Autriche les recommandations suivantes :

"Présenter ses civilités à Son Altesse en tenue propre, habits et bottes, et ne point arriver à moitié ivre ; 2° à table ne point se balancer sur sa chaise ou étendre ses jambes tout du long ; 3° ne pas boire après chaque morceau, sans cela on se soûle trop vite ; ne vider après chaque plat le hanap qu'à moitié, et avant de boire s'essuyer proprement les moustaches et la bouche ; 4° ne pas mettre la main dans le plat, ne point jeter les os derrière soi ou sous la table ; 5° ne point se lécher les doigts, ne point cracher sur l'assiette, ni moucher dans la nappe ; 6° ne point hanaper trop bestialement au point de tomber de sa chaise et de ne pouvoir marcher droit devant soi."

En plein XVIIIe siècle, dans ses *Éléments de politesse*, édités à Strasbourg en 1766, M. Provost se montre encore plus exigeant :

"Ne poussez point du coude ceux qui sont proches ; ne vous grattez point ; ne mettez point la main aux plats avant que celui qui est le plus considérable ait commencé ; ne témoignez par aucun geste que vous avez faim et ne regardez pas les viandes avec une espèce d'avidité comme si vous deviez tout dévorer ; qui que ce soit qui distribue les viandes coupées, ne tendez pas précipitamment votre assiette pour être servi des premiers ; quelque faim que vous ayez, ne mangez pas goulument de peur de vous engouer ; ne mettez pas un morceau à la bouche avant que d'avoir avalé l'autre et n'en prenez point de si gros qu'il la remplisse avec indécence ; ne faites point de bruit en vous servant ; n'en faites point non plus en mâchant les viandes et ne cassez point les os ni les noyaux avec les dents ; ne mangez pas le potage au plat, mais mettez en proprement sur votre assiette ; ne mordez pas dans votre pain ; ne sucez point les os pour en tirer la moelle ; il est très indécent de toucher quelque chose de gras, à quelque sauce, à un sirop, etc., avec les doigts, outre que cela vous oblige à deux ou trois autres indécences, l'une d'essuyer fréquemment vos mains à votre serviette et de la salir comme un torchon de cuisine, l'autre de les essuyer à votre pain ce qui est encore plus malpropre, et la troisième de vous lécher les doigts, ce qui est le comble de l'impropreté ; gardez vous bien de tremper votre pain ou votre viande dans le plat, ou de tremper vos morceaux dans la salière ; ne présentez pas aux autres ce que vous avez goûté ; tenez pour règle générale que tout ce qui aura été une fois sur l'assiette ne doit point être remis au plat, et qu'il n'y a rien de plus vilain que de nettoyer et essuyer avec ses doigts son assiette et le fond de quelque plat ; pendant le repas, ne critiquez pas sur les viandes et les sauces, ne demandez point à boire le premier, car c'est une grande incivilité ; évitez soigneusement de parler ayant la bouche pleine ; il est incivil de se nettoyer les dents durant le repas avec un couteau ou une fourchette...

... En vous plaçant à table, ayez la tête nue ; essuyez toujours votre cuillère quand, après vous en être servi, vous voulez prendre quelque chose dans un autre plat, y ayant des gens si délicats qu'ils ne voudraient pas manger du potage où vous l'auriez mise après l'avoir portée à la bouche ; joignez les lèvres en mangeant pour ne pas lapper comme les bêtes ; que si par malheur vous vous brûlez, souffrez le patiemment si vous pouvez ; mais si vous ne pouvez pas le supporter, tenez proprement votre assiette d'une main et, la portant contre la bouche, couvrez-vous de l'autre main et remettez sur l'assiette ce que vous avez dans la bouche, que vous donnerez par derrière à un laquais ; car la civilité veut bien qu'on ait de la politesse, mais elle ne prétend pas qu'on soit homicide de soi-même ; la bienséance demande que l'on porte la viande à la bouche d'une seule main et pour l'ordinaire de la droite avec la fourchette ; quand on a les doigts gras, il faut les essuyer à la serviette et jamais à la nappe ni à son pain ; observez de ne jamais rien jeter à terre, à moins que ce ne soit quelque chose de liquide ; encore est-ce mieux fait de le remettre sur l'assiette ; ne goûtez point le vin et ne buvez point votre verre à deux ou trois reprises, car cela tient trop du familier, mais buvez-le d'une haleine et posément, regardant dedans pendant que vous buvez ; je dis posément, de peur de s'engouer, ce qui serait un accident fort malséant et fort importun, outre que de boire tout d'un coup, comme si on entonnait, c'est une action de goinfre, laquelle n'est pas de l'honnêteté ; il faut aussi prendre garde en buvant de ne pas faire du bruit avec le gosier, pour marquer toutes les gorgées qu'on avale, en sorte qu'un autre pourrait les compter."

*

* *

Nous voulons croire que nombre de ces avis étaient superflus et espérer que tels autres n'étaient pas suivis à la lettre. Ce qui, pas plus que la richesse ou le bel appétit de l'Alsace ne saurait se contester, c'est sa science culinaire à laquelle aujourd'hui encore il convient de rendre hommage.

Sans doute certaines recettes sont périmées. Avec les castors a disparu le salmis de castor, plat maigre fameux au moyen âge. Comme légume on ne cuit plus guère "la feuille de la violette de mars mêlée avec la jeune ortie et avec les premières pousses du houblon sauvage." Où sont ces pâtés de langues de carpes, de foies de lotte et de queues d'écrevisses qui coûtaient 400 livres au cardinal de Rohan? Et y a-t-il encore des gourmets capables de préparer comme il faut l'écrevisse : "D'abord un bain de lait froid pour la faire dégorger, puis un bain tiède au vin blanc, et enfin une cuisson à grand feu pendant quelques minutes dans un madère généreux avec de vives épices."

N'empêche que la charcuterie de Strasbourg et la pâtisserie alsacienne gardent leur vieille renommée. Et l'on doit à l'Alsace au moins deux mets célèbres ; la choucroute et le foie gras.

La choucroute fut-elle ou non entrevue par Columelle? Grave question. Toujours est-il qu'au XVIe siècle elle fait partie de la nourriture ordinaire de l'Alsace. Au XVIIe, on nous décrit sa préparation : "On fait aigrir de ces gros choux pommés après les avoir fait hacher ; ces choux font les délices de la table et la principale nourriture des naturels du pays." La "Surgrout" est par excellence le mets du dimanche, spécialement bien accueilli "lorsqu'il apparaissait avec l'ornement d'un puissant chapelet de saucisses, ou bien lorsque, suivant l'expression pittoresque d'un écrivain du XVIe siècle, le cochon l'avait traversé." Aujourd'hui encore l'un des métiers caractéristiques de l'Alsace est celui du "hacheur de choucroute" qui fait sa tournée annuelle à travers les villages. De sa voix chantante il annonce son passage dans les rues. A travers les fenêtres les ménagères le hèlent. Selon les formules anciennes, d'une main experte, avec la collaboration de la maisonnée, il procède aux rites...

RIQUEWIHR.

Mais que dire du foie gras!

Qu'il nous soit permis de faire un reproche, un seul, à notre excellent guide Charles Gérard. Il ne rend pas justice à l'oie rôtie! Au moins célèbre-t-il comme il convient "l'admirable machine qui élabore et produit la succulente substance connue sous le nom de foie gras. Ne reportez pas votre reconnaissance à la nature... c'est l'homme, c'est la civilisation qui a su en faire des pâtés dont la puissance a tant influé sur le destin des empires."

Il paraîtrait que, connu par les Romains, l'art de produire le foie gras fut retrouvé et gardé longtemps secret au moyen âge par les juifs de Metz et de Strasbourg. Il se vulgarisa pour la joie des temps modernes. En voici la recette traditionnelle, telle qu'elle nous est révélée par Olivier de Serres et se pratique encore aujourd'hui.

"En Alsace le particulier achète une oie maigre qu'il renferme dans une petite loge de sapin assez étroite pour qu'elle ne puisse s'y retourner ; cette loge est garnie dans le bas fond de petits bâtons écartés... et en avant, d'une petite ouverture pour passer la tête ; au bas, une petite auge est toujours remplie d'eau dans laquelle trempent quelques morceaux de charbon de bois. On fait tremper dans l'eau dès la veille un trentième du grain qu'on insinue dans le gosier le matin puis le soir ; le reste du temps l'oie boit et barbote. Vers le vingt-deuxième jour, on mêle au maïs quelques cuillerées d'huile de pavot ou d'œillette. A la fin du mois, on est averti par la présence d'une pelote de graisse sous chaque aile ou par la difficulté de respirer qu'il est temps de la tuer ; si l'on différait, elle périrait. Son foie alors pèse depuis une livre jusqu'à deux. L'animal se trouve excellent à manger, fournissant pendant la cuisson depuis trois jusqu'à cinq livres de graisse. Sur six oies, il n'y en a ordinairement que quatre qui secondent l'attente de l'engraisseur et ce sont les plus jeunes. On les tient dans la cave ou dans un lieu peu éclairé."

Le truffage donne "son âme" au pâté de foie gras. Il fut inventé au XVIIIe siècle par le cuisinier du maréchal de Contades qui ensuite s'établit pour son compte à Strasbourg et démocratisa la trouvaille de son génie.

Nous croyons terminer convenablement ce chapitre en reproduisant l'hommage que rend Brillat-Savarin à l'apparition, en un repas de choix, d'un "gibraltar de foie gras" accompagné d'un coq vierge de Barbézieux, truffé à tout rompre. Quand surgit cette pièce incomparable, dit le célèbre gourmet : "Toutes les conversations cessèrent par la plénitude des cœurs ; toutes les attentions se fixèrent sur l'art des prosecteurs, et quand les assiettes de distribution eurent passé, on vit se succéder, tour à tour, sur toutes les physionomies le feu du désir, l'extase de la jouissance, le repos parfait de la béatitude."

Ainsi en va-t-il encore de nos jours. Dans les deux hémisphères, le pâté de foie gras impose à l'estime des peuples la cuisine strasbourgeoise.

CHAPITRE VII
FIGURES DE LÉGENDE

Solidement attachée aux biens de la terre, l'Alsace, à travers les siècles, a éprouvé le besoin d'un idéal qui la dépasse. D'âge en âge la hantise mystique s'y est perpétuée, a juxtaposé à l'univers visible un monde de rêve que parfois nous entrevoyons. D'antiques traditions remontent à des superstitions païennes ; la légende dorée a consigné pieusement l'histoire merveilleuse du christianisme. Jusqu'au seuil de notre époque contemporaine, critique et désabusée, nous voyons persister dans le souvenir populaire les impressions de l'âme médiévale, peut-être même celles d'une humanité plus ancienne et plus obscure...

*
* *

Prenez votre bâton ferré. Quittez les routes carrossables et les sentiers trop frayés. Enfoncez-vous dans les montagnes. Sous le dôme des hêtres clairs et les sombres épicéas, vous rencontrerez au hasard de votre promenade plus d'un type pittoresque : pâtre robuste, charbonnier pantalonné de velours, schlitteur hirsute, cueilleuses de myrtilles armées du râteau, inévitables touristes habillés de vert et coiffés du petit chapeau...

Regardez mieux : vers le soir, dans le sous-bois crépusculaire où chuchote la brise, où un peu de lumière azurée danse encore parmi les feuillages, vous apercevrez — qui sait? — haute d'une aune, une forme légère, vêtue d'une robe de velours noir bordée de fleurettes d'or, que serre à la taille une ceinture de pierreries. Son bonnet est fait d'une fleur de digitale. Sa main mignonne tient une lanterne de cristal. C'est l'"erdwible," la "petite femme de la terre."

Souhaitez la rencontrer surtout si vous êtes perdu ; elle vous remettra dans le bon chemin. C'est elle qui écarte le danger des pas insoucieux des petits enfants et va les bercer quand ils pleurent. Aidés de leurs maris, les "erdmännle" vêtus de brun, c'étaient elles jadis qui, lorsque menaçait l'orage, se hâtaient de faucher le blé et d'assembler les gerbes, de sécher au plus vite le linge des lavandières... En échange de si grands services, comment se froisser, les jours de verglas, d'entendre les rires argentins des gnomes saluer les chutes des promeneurs balourds?

D'autant qu'ils ne sont pas si gais, les pauvres. Car peut-être, je vous le dis tout bas, en eux sont réincarnés les anges déchus ; ils vivent dans l'angoisse terrible de savoir si plus tard ils seront damnés. Et de là vient leur angoisse de la mort et ces gémissements par lesquels, dans la nuit, ils vous annoncent le trépas prochain d'une personne que vous aimez...

Hélas! aujourd'hui "erdwible" et "erdmännle" se font rares. Et il n'est pas fréquent qu'on les aperçoive encore au clair de lune jouer à la paume sur les prés avec des châtaignes, des boules de platane ou des pommes de terre. C'est qu'ils se cachent et sont honteux depuis que quelques malotrus se sont moqués de leurs pieds d'oie et de leurs sabots de chèvre. Et puis sans doute que, comme à beaucoup de gens, la vie en Alsace leur est devenue aujourd'hui plus difficile.

*

* *

A défaut de l'"erdwible," peut-être rencontrerez-vous le chasseur nocturne : méfiez-vous. Voici son histoire telle que la recueillit M. Auguste Stœber, telle qu'elle nous est traduite par M. R. Stiébel.

La forêt de la Moder, située entre Obermodern et la forêt du Héru qui dépend de Buchsweiler, a dans le pays une très mauvaise réputation à cause des revenants qui s'y rencontrent et qui effrayent ou égarent les passants. Le chasseur sauvage y chasse en automne. Il passe faisant grand bruit et criant, par dessus la cime des arbres ; il vient du Nord et se dirige vers la pente qui s'étend jusqu'à Urweiler où il fait paître ses bêtes.

Il a souvent, dit-on, passé par dessus Buchsweiler et a choisi comme retraite le bois de Riedheim.

Au milieu du tapage de la chasse, le passant isolé s'entend souvent interpeller par son nom. Il ne doit pas répondre, sans cela il serait saisi par les puissances des ténèbres et devrait errer toute la nuit dans la forêt.

Si la chasse sauvage passe dans le voisinage d'un voyageur, ou bien par dessus sa tête, il n'a qu'à tirer un mouchoir (de lin ou de chanvre), de préférence un mouchoir blanc, à l'étendre à terre et à se placer dessus. Il ne risque rien dès lors.

*

* *

A Sainte-Croix, près Colmar, cette chasse s'appelle la chasse nocturne. Elle va de la forêt de Sengen à Obergrüst, sur la Gleioz, et jusqu'au Storkennest.

Un fois le tourbillon sorti de la forêt de Sengen ; on entendait des hurlements. On pouvait percevoir dans l'air ces paroles : "Plus loin, plus loin! le chien de Marbach (la cloche) aboie déjà. Allons à Wettersweiller!"

Une autre fois des jeunes gens faisaient paître leurs bestiaux dans la prairie. Il était tard et ils allaient rentrer quand ils s'entendirent appeler par leurs noms.

L'un d'eux prit son courage à deux mains et répondit. Il sentit aussitôt des ailes qui le frappaient violemment au visage.

Un jour des garçons et des jeunes filles rentraient chez eux, revenant du vignoble de Herrlisheim. Il faisait sombre. Une des filles s'arrêta à la hauteur du moulin de Saint-Jean Baptiste. Elle s'entendit appeler par son nom : "Catherine! Catherine!" Elle se dirigea vers l'endroit d'où partait la voix, croyant que c'était un de ses compagnons qui l'appelait. La voix s'éloignait ; elle la suivit. On la trouva morte le lendemain à une demi lieue du moulin, près du bois de Stœdtlin. Elle avait été appelée par les chasseurs nocturnes dont ses compagnons avaient bien entendu les cris.

Il y a dans les forêts de l'Alsace, dans les gorges de ses montagnes, au bord de ses rivières et de ses lacs bien d'autres personnages singuliers : des géants de tout poil, des fantômes de toutes formes, des nains qui travaillent dans leurs mines d'argent, des ondines, des fées, des nymphes, des nixes. Il y a des danseurs enlacés qui disparaissent dans les étangs ; des hommes volants, des hommes noirs et des hommes de feu. Il y a des dames blanches, des femmes voilées, des lavandières suspectes, des laitières inquiétantes. Il y a mille animaux dont vous ne sauriez trop vous méfier : bêtes noires, loups difformes, chats blancs, moutons et ânes démesurés. Dans le petit lac de Bœlchen vit, parmi d'autres poissons étranges, une truite qui porte un sapin sur son dos. Le veau fantôme de Buchsweiler grimpe sur les épaules des ivrognes et les écrase de son poids. Le *Letzel*, monstre à queue d'argent, oppresse les dormeurs. Quand vous avez le cauchemar, c'est qu'il est assis sur votre cœur. C'est lui qui empêche certains enfants de se développer ; s'ils demeurent maigres, c'est que le Letzel les suce.

Beaucoup de ses formes maudites sont d'origine diabolique. Sachez vous y prendre, vous déjouerez la malice de Satan et de ses suppôts. Mais les sorcières sont innombrables, là même où vous les attendez le moins. Voici un excellent moyen de les dépister :

"Prendre un œuf pondu le vendredi saint ; regarder à travers cet œuf les assistants à l'église ; les sorcières se reconnaissent à ce qu'elles ont à la main un morceau de lard au lieu du livre de cantiques, et sur la tête une cuve à traire. Il faut avoir soin de sortir de l'église avant le *Pater* et de casser ou de jeter l'œuf ; sans cela les sorcières pourraient jouer un mauvais tour au curieux."

*
* *

De nos jours l'esprit de scepticisme s'introduit partout. On le voit révoquer en doute les traditions les mieux établies. N'empêche qu'aux yeux des petits enfants au moins, deux personnages gardent leur prestige, et qu'il n'en est point de garçonnet fanfaron ou de fillette délurée dont le cœur ne frémisse d'espoir et d'obscure appréhension à cet avertissement : "Prends garde, si tu n'es pas sage, St. Nicolas ne t'apportera rien et tu verras si Hans Trapp t'oubliera!"

C'est naturellement le soir de sa fête qu'aujourd'hui encore, dans bien des villages et même dans certaines maisons bourgeoises, le grand St. Nicolas, précédé de sa clochette argentine, vient faire son entrée à neuf heures du soir. Quand il a frappé trois fois, on lui ouvre la porte. Il apparaît, vêtu d'une robe somptueuse, le visage disparaissant dans une ample barbe blanche. D'une voix solennelle — qui quelquefois ressemble à celle de tel membre absent de la famille (mais qui donc songerait à le remarquer?) — il donne sa bénédiction et pose des questions insidieuses aux parents et aux mioches qui se cachent dans les jupes des mères et des grandes sœurs : est-ce qu'au moins on est toujours sage? Si les réponses sont favorables ou à peu près, il tire de sa hotte quelques jouets, des friandises, et les dépose dans les petites mains impatientes. Mais que les mamans soupirent et hochent la tête, alors les sourcils du grand saint se froncent. Non seulement sa hotte demeure close, mais dans l'ombre, derrière lui, on entend des bruits de chaînes et des grognements. Et il avertit d'une voix de menace. Quand Christkindel, la dame de Noël, viendra faire sa visite annuelle, elle aura pour l'escorter son terrible compagnon Hans Trapp, dont aujourd'hui il veut bien encore retenir la colère. Si d'ici là les polissons ne se sont pas amendés, ils feront connaissance avec ses verges.

JEUNE ALSACIENNE.

St. Nicolas est de parole. Voici la Noël. A dix heures, tout le monde est assemblé autour du sapin illuminé. Un tintement de clochette. La porte s'ouvre. Toute blanche et dorée, la dame de Noël, Christkindel, fait son entrée dans un rayonnement. Sa voix mélodieuse souhaite à tous le bonjour, recommande de ne point oublier le bon Dieu et le petit Jésus, et chante un cantique. Puis c'est la distribution des sucreries, des fruits confits, de tous les trésors qu'elle a apportés aux enfants sages dont les noms lui ont été transmis par le grand St. Nicolas. Mais les autres? Ont-ils tenu compte des avis sévères qui leur furent donnés?

Presque toujours la réponse est oui. Au moins ils ont fait effort... Mais il arrive que des pécheurs endurcis ont volontairement persévéré dans leur mauvaise conduite.

Alors, avec d'horribles meuglements, Hans Trapp apparaît dans l'embrasure de la porte. C'est un géant vêtu de peaux de bêtes. Sa tête est couverte d'un bonnet poilu orné de cornes. Il a une flamboyante barbe rouge, une mâchoire énorme qui s'ouvre et se ferme. Des chaînes s'entrechoquent à sa ceinture, ses gros sabots claquent sur le parquet. Brandissant ses verges au bout de ses longs bras, il fond sur le délinquant et l'empoigne. Ce sont des hurlements de terreur, des sanglots, des protestations désespérées de sagesse... A la prière de Christkindel, le bourreau se laisse attendrir une dernière fois. Mais l'année prochaine il sera inexorable. Vous entendez qu'il n'est point de cœur si corrompu qu'une épreuve pareille ne bouleverse et ne remplisse des meilleures résolutions.

Hans Trapp, qui ne paraît pas près de mourir, naquit à ce qu'il semble au XVᵉ siècle. Vers 1495, Jean de Dratt, maréchal de la cour de l'électeur palatin, et châtelain de Bärbelstein, exerçait toutes sortes de vexations sur les bourgeois de Wissembourg et de Landau. Rançonnant les voyageurs, pillant les villages, usurpant les droits de chasse et de pâture, il encourut pendant de longues années la malédiction de tous. Si bien que longtemps après sa mort les parents qui voulaient faire peur à leurs enfants continuèrent à les menacer du féroce Jean de Dratt, autrement dit Hans de Dratt, qui ensuite, est devenu Hans Trapp. C'est ainsi que, passé à l'état de croquemitaine, le souvenir du redoutable baron sert aujourd'hui encore à inculquer la morale aux marmots et, en faisant passer un petit frisson, rend plus exquise la joie de Noël.

CHAPITRE VIII
FRIEDLI ET TRINELE
(*Récit d'autrefois*)[2]

[2] Voir les charmants souvenirs de Mme Gévin-Cassal sur la Haute-Alsace.

Pour voir l'Alsace, il ne suffit pas, si beaux soient-ils, de parcourir rapidement ses sites célèbres et, entre deux randonnées d'auto, de jeter un coup d'œil à ses monuments historiques. Vous ne connaîtrez rien d'elle, rien de son charme, si vous ne vous arrêtez dans ses villages, si, attablé dans la salle à poutrelles de quelque auberge rustique, devant un fricot fumant sur la nappe blanche, vous ne prenez langue, entre deux verrées de vin clairet ou de bière fraîche, avec la forte fille aux pleines joues rouges qui vous sert, avec l'aïeule qui au coin du poêle tourne encore du pied le rouet de jadis, avec le marcaire ou le colporteur qui mange un morceau en buvant le café.

Je sais un petit village du Sundgau où chaque été, au seuil d'une maisonnette au toit énorme, cabossé, expressif, un grand vieux bien brave fume une pipe courte. Il a un visage glabre taillé à coup de serpe et est vêtu d'une blouse méticuleusement propre. A côté de lui est assise une vieille à la petite bouche ridée. Ses traits sont demeurés fins sous le bonnet qui serre de sa passe de velours les bandeaux de ses cheveux blancs. Ses doigts déformés manient encore le tricot ou jouent en tremblant un peu avec la frange du fichu de soie noire.

Quand ils m'aperçoivent, tous deux m'envisagent d'abord avec effarement. Je m'approche en soulevant mon chapeau :

— Vous ne me reconnaissez pas, Madame Trinele?

Alors la vieille joint les mains et glapit avec jubilation :

— Jeses Gott, c'est le monsieur de chez Schmidt.

Tandis que l'autre s'exclame en m'écrasant les phalanges :

— "Nuntetié"! à la bonne "hère," ça fait plaisir "du jour d'aujourd'hui" de voir des gens qui n'oublient pas.

Je m'assieds. J'accepte un bol de café au lait ou un verre de vin sucré, avec un morceau de kugelhopf ou un wecken. Nous échangeons les propos ordinaires sur les santés, la famille et les affaires dont parlent les journaux. Et puis — oh! je suis rusé — peu à peu l'entretien dérive vers le domaine du souvenir, vers tout ce qui s'est passé "dans le temps." Alors voici qu'à la voix chantante de mes deux vieux, dans la soirée sereine pleine de parfums, de sonnailles de troupeau et d'appels de cigale, les choses d'aujourd'hui s'éloignent, s'estompent, s'évanouissent, et c'est la vieille Alsace, joyeuse et familière, qui tressaille, rejette ses voiles, se soulève dans l'ombre et me sourit.

C'est pendant un lointain hiver (il y a beaucoup plus d'un demi-siècle), à la veillée aux noix, que le Friedli du père Steiner et la Trinele de chez Keslach ont commencé à avoir des idées. Tandis que volaient en éclat les coquilles et que, le dos au feu, les vieux contaient des histoires d'Afrique ou d'Italie, ils échangeaient entre eux des regards, et leurs mains, brunies du brou du fruit décortiqué, avaient de la peine à minuit à se séparer.

Au mardi gras tous deux ont "schiblé" ensemble. Selon la coutume, les garçons du village avaient passé la journée à quêter, de maison en maison, des bûches, de la paille, des fagots, et aussi des beignets et des sucreries. Le soir l'homme de paille (le "Sündebock"), le mannequin comique farci de bois résineux, était dressé sur la grande place. Et l'on y mettait le feu au milieu de la population réunie. Quand il a eu achevé de flamber, les braises ont été rassemblées, et les garçons, donnant la main aux filles, ont sauté par dessus. Après est venu le tour des "schible."

— Voulez-vous schibler avec moi, Mademoiselle Trinele?

Justement la mère Steiner et la mère Keslach avaient l'œil ailleurs. Trinele n'a pas dit oui, mais elle n'a pas dit non, non plus.

Sur une baguette de métal, Friedli a enfilé une mince planchette trouée au milieu, l'a approchée du brasier et, une fois enflammée, l'a fait tournoyer en chantant à demi-voix de manière à n'être compris que de sa voisine :

Schib dehors, schib dedans.

Mon cœur j'y mets.

Vole en l'air et dis

Si Trinele m'aime.

Et d'un grand geste, il a envoyé dans les airs la planchette. Si elle s'était éteinte, cela aurait signifié que Friedli n'avait rien à espérer. Mais voici que la planchette a décrit une courbe immense, pareille à une parabole de flamme, d'où jaillissait une pluie d'étincelles... De nouveau les yeux de Friedli et de Trinele se sont rencontrés et puis détournés.

La Saint-Marc a fleuri de blanc des vergers... A travers champs, on a entendu caqueter les cailles. Le printemps radieux a épanoui sa splendeur. A la Saint-Jean, Trinele, en se cachant, est allée au millepertuis : c'est-à-dire que, de grand matin, elle en a cueilli un brin, tout couvert de rosée, et avec toutes sortes de précautions l'a posé sur sa fenêtre : si de trois jours il n'est pas fané, c'est que peut-être bien il y a un garçon au village qui pense à elle.

Au bout de trois jours, l'herbe de la St. Jean gardait sa fraîcheur. Aussi quand, un après-midi, Trinele, qui était avec sa mère en train de ravauder des hardes, a vu par la fenêtre, s'approcher la mère Steiner toute flambante sous son "mieder" neuf, son châle frangé et son large tablier de moire noire, elle a senti son cœur battre très fort et saisi un prétexte pour s'échapper : il fallait voir, n'est-ce pas, s'il y avait des œufs au poulailler?...

Bientôt on l'a rappelée. Un peu solennelles, la larme à l'œil, mais, tout de même, le visage joyeux, les deux commères l'ont toisée. Elle ne savait où se fourrer, tortillait entre les doigts les rubans de son tablier.

— Est-ce vrai, Trinele, que ton herbe de la Saint Jean n'a pas fané?

A cette question de la mère Steiner, Trinele a senti "le rouge de coq" lui monter au visage. Tout de même elle n'a pu s'empêcher, la voyant sourire d'un air malin, de lui sourire aussi. Et tout à coup elle s'est trouvée dans les bras de la brave femme qui l'a fortement serrée sur son cœur en murmurant :

— Alors c'est vrai que tu veux être la petite femme de mon "herzkäfer"?

Car, étant le plus jeune des trois fils Steiner, Friedli est intitulé le "herzkäfer," le "scarabée de cœur" de sa maman.

....

On a couru chercher les hommes. Ils sont entrés, le père Keslach cordial selon sa coutume, le père Steiner très digne et ce grand Friedli si ému! On a commencé par échanger avec tout le monde des poignées de main. Et puis, dans sa cave, Gottlieb Keslach a été quérir une vieille bouteille et l'on a trinqué à la santé des fiancés. Naturellement les Steiner ont été invités à dîner. Comme de juste, Trinele se préparait à aider sa mère : mais on l'a renvoyée loin des casseroles. C'est un proverbe connu que cuisinière amoureuse sale trop les plats. Alors, tandis que les mamans travaillaient des bras et de la langue, Trinele et Friedli sont allés s'asseoir la main dans la main sur le vieux banc au jardin. A demi-voix ils se sont raconté beaucoup de choses ; et entre autres Trinele a appris ceci qu'elle soupçonnait peut-être à moitié : si son brin d'herbe de la Saint Jean est resté si vert, c'est que chaque nuit Friedli, au risque de se rompre les os, grimpait à la fenêtre pour le renouveler...

Le lendemain, Friedli a glissé une bague d'argent au doigt de sa promise... La vieille étend son annulaire noueux où brille un cercle terni :

— Celle-là, monsieur, vous voyez.

Ils se sont mariés après la moisson.

— Ah! cela a été une fameuse affaire.

Au matin du grand jour, après une nuit un peu agitée — dame, monsieur, n'est-ce pas!... — Trinele a été réveillée par une fusillade : c'étaient, tout ornés de pompons et de rubans, les garçons d'honneur qui déchargeaient de vieux tromblons dans la cour et acclamaient la fiancée. Alors Trinele s'est levée et, avec l'aide de ses amies accourues pour l'assister, a revêtu sa toilette de noce : neuve toute entière, depuis les longs bas de fil blanc tricotés par Salomé Barthel, jusqu'à la splendide robe de faille noire, toute raide, accrochée à un clou fiché au plafond pour qu'aucun pli n'en soit froissé. Sur sa tête, Salomé a placé la couronne d'aubépine et de fleurs d'oranger.

Quand, toute parée, Trinele est descendue de sa chambre, la maison était déjà pleine d'agitation. De la cuisine, parmi le brouhaha des casseroles, émanaient des odeurs succulentes. Dans la cour, le père Keslach, aidé des voisins, achevait de charger sur une grande voiture ornée de nœuds et de guirlandes tout ce que Trinele apporte avec elle sous le toit conjugal : le lit, la batterie de cuisine, le linge, la vaisselle, quelques meubles, que sais-je encore! Tout cela se dresse en une sorte de trophée que surmonte tout en haut la quenouille traditionnelle enrubannée d'écarlate.

UNE FERME D'ALSACE AU PRINTEMPS.

Peu à peu tous les gens du village se sont assemblés devant la porte. Mais ils s'écartent quand au milieu des pétarades une musique s'approche. C'est le fiancé qui fait son entrée, accompagné de ses garçons d'honneur. Tout le monde se salue. Comme il faut prendre des forces, on mange quelques pâtisseries avec un coup de vin ou un petit verre de kirsch. Dans la main du grand Friedli, le père Keslach a posé celle de sa fille : "Je te donne ma Trinele, sois lui fidèle."

Et puis, bras dessus, bras dessous, les fiancés se sont mis en route au milieu des acclamations, escortés de toute la noce, des curieux et du grand char oscillant, traîné par les petits chevaux pomponnés de neuf. On a fait halte devant la maison Steiner. Le temps de se restaurer et de lever le coude...

— De nouveau, Madame Trinele! quel estomac!

— Dame, Monsieur, chez nous l'émotion, ça fait le creux, comprenez-vous...

Et la vieille poursuit. C'est l'arrivée à la mairie... En route pour l'église! Les cloches sonnent à toute volée. Les fusils rechargés crépitent de plus belle. On entre. Monsieur le Curé, la messe célébrée, prononce son allocution. Il connaît Friedli et Trinele depuis l'enfance et leur souhaite beaucoup de bonheur. Tout le monde y va de sa petite larme. Et puis c'est la bénédiction, l'échange des anneaux ; moment palpitant où tout le village, surtout les jeunes, ont l'œil aux aguets. Les filles ont bien prévenu Trinele : "Plie le doigt pour que la bague n'entre pas trop vite." Sans cela elle sera la servante de son mari. Et Friedli est renseigné par ses camarades : "Si elle plie le doigt, marche-lui sur le soulier, pour ne pas être sous sa pantoufle..."

— J'espère que vous leur avez obéi soigneusement!

Les deux vieux lèvent l'un sur l'autre leurs prunelles ternies. Et leurs bouches édentées se sourient.

— *Jo*, monsieur, nous avions tout oublié...

Reprises des sonneries de cloche et de la fusillade. On signe à la sacristie. On s'embrasse. Le cortège se remet en marche à travers le village. Quelques poignées de sous aux gamins qui ont tendu des cordes dans la rue et réclament de quoi boire pour livrer passage. Et puis toute la noce s'engouffre dans la maison Keslach.

— Après tant d'histoires, monsieur, vous pensez qu'on n'était pas fâché de manger un morceau.

— Je pense, Madame Trinele, qu'on en a mangé quelques-uns.

— Dame, on s'est mis à table à une heure. Et c'est seulement à six, quand on en est sorti, que le bal a commencé.

— Ça ne faisait pas de mal, vous comprenez, après, de se trémousser un peu.

On s'est trémoussé une bonne partie de la nuit. Après avoir ouvert le bal ensemble, Friedli et Trinele ont dansé chacun avec tous leurs amis. Et puis ils se sont retrouvés et ne se sont plus quittés.

Pendant que la jeunesse s'amusait, des personnes de confiance — il y a toujours quelques vieilles cousines expérimentées pour y avoir l'œil — s'occupaient de faire décharger le char, de surveiller l'arrangement des meubles et des ustensiles dans la maison des nouveaux époux…

A minuit le cortège s'est reformé. On a allumé des torches et des lanternes. Et sous le ciel éclatant d'étoiles Friedli et Trinele ont été conduits chez eux au milieu du flonflon des musiciens et des dernières salves de coups de fusil.

Accompagnée de ses filles d'honneur, Trinele a pénétré dans le logis conjugal. Avec leur aide, elle a dépouillé sa couronne de mariée, leur en a distribué les fleurs. Une dernière fois, sous les fenêtres, tout le monde a poussé des hourras. Et puis, tandis que tout doucement s'éteignait peu à peu la rumeur des voix et des rires, elle est restée avec son Friedli — enfin seuls.

— Il y a plus de cinquante ans, Madame Trinele?

— Cinquante-deux ans à la Saint-Louis, oui, monsieur…

Et maintenant les vieux se taisent. A petites bouffées le vieux fume sa pipe courte. Pensive la vieille a lâché son tricot. Tout là-haut, les étoiles scintillent comme au soir de leurs noces. Dans la paix nocturne plane l'âme cordiale et douce de l'antique Alsace.

CHAPITRE IX
LE SOUVENIR

Pour le Français qui voyage en Alsace, il est quelque chose de plus touchant que la beauté de ses paysages et de ses vieilles maisons, de plus émouvant que sa fidélité à ses usages antiques et à ses costumes traditionnels. Ce sont les souvenirs historiques qui jaillissent du sol même, qui attestent aux visiteurs les siècles de vie commune et glorieuse où la France et l'Alsace furent unies, et la volonté que garde la terre aujourd'hui annexée de ne rien renier d'un passé dont elle demeure fière et dont elle entend jalousement sauvegarder le legs tout entier.

Que nous réserve l'avenir de l'humanité? Verrons-nous l'apaisement des haines séculaires entre les nations? C'est le secret de demain, ou peut-être seulement celui d'après-demain. Toujours est-il que s'il est au delà des Vosges un pélerinage qui s'impose à nous, quelles que puissent être notre foi et nos espérances, c'est celui vers ces lieux historiques où les armées s'entrechoquèrent en 1870, où aujourd'hui, parmi les verdures riantes et les opulentes moissons, des tombes fleuries et des monuments pieux consacrent la mémoire des héros qui d'un côté comme de l'autre succombèrent pour la patrie.

Wœrth, Reichshoffen, Frœschwiller... Morsbronn... Noms sinistres... Et pourtant quel panorama plus gracieux que celui que le regard embrasse du monticule où, gigantesque, un cavalier de bronze au geste impérieux rappelle qu'ici même le prince royal, le 6 août 1870, déchaîna la bataille?

C'est un décor d'une paix charmante, une plaine riche, harmonieusement vallonnée, couverte de blés d'or, de prés clairs où se dressent des meules. Sur les côteaux, des bois ferment l'horizon. Çà et là des fermes. Tout devant, dans le creux, il y a, endormi sous ses toits brunis, un bourg traversé d'une petite rivière. Un peu plus loin la flèche aiguë d'une église pointe au dessus d'un autre village. Sur la gauche, une demi douzaine de bâtiments grisâtres forment une tache à la lisière des arbres.

C'est de là, là en face, sur la hauteur d'Elsasshausen, que le Maréchal de Mac-Mahon dirigea la résistance. Toute une journée, quarante mille Français tinrent tête à cent vingt mille Allemands, furent écrasés par le feu de deux cents canons. Cette prairie-là, trois fois en une heure elle fut prise et reprise à la baïonnette. Là-bas s'engloutit la charge de cavalerie infructueuse de Bonnemain ; plus loin, par delà le petit bois, la chevauchée funèbre des cuirassiers de Morsbronn, dits les cuirassiers de Reichshoffen. A cinq heures, c'était la retraite. Nous avions perdu six mille tués et blessés, neuf mille prisonniers, vingt-huit canons, une aigle, quatre fanions. La route de l'invasion était ouverte.

Du monument du prince royal, vous descendez à Wœrth. Tandis qu'on attelle la voiture qui vous emmènera, entrez dans la salle du fond de l'auberge proprette. Adossée à la cloison, il y a une vitrine. Elle renferme des cuirasses, des casques, des képis, des armes de toute sorte, des clairons, des gibernes, des éperons, des fragments de projectiles, des papiers trouvés sur les morts. Le tout a été ramassé sur le champ de bataille.

Mais voici la voiture qui s'avance. Elle est attelée d'un cheval massif, conduite par un cocher grisonnant.

— Vous êtes du pays?

S'il en est! Il avait quinze ans le jour de la bataille et s'en souvient comme si c'était d'hier.

— Un enfant, monsieur, vous comprenez!…

Deux heures durant, tantôt au pas et tantôt au petit trot, vous parcourez les plaines, les côteaux, et les bois. Du fouet le guide désigne les villages et les monuments. Sa voix chantante énumère les noms ; Frœschwiller aux maisonnettes rayées de gris, coquet au sommet du côteau ; Elsasshausen avec ses fermes ; Morsbronn aux rues tournantes où s'effondrèrent les survivants de la charge.

De toutes parts s'éparpillent les édifices commémoratifs : chapelles, colonnes, trophées, obélisques, simples croix. Il y en a d'immenses et de tout petits, de triomphaux et de recueillis. Dominant le tilleul de Mac-Mahon captif d'une grille, l'aigle de la troisième armée allemande s'éploie sur sa colonne entourée de victoires de bronze. Gravement la France honore ses morts dans une petite coupole au milieu d'un jardinet discret. Les Turcos sont restés là où ils succombèrent. Au fond d'un petit bois feuillu, délicieux, de hêtres clairs, par des sentiers à peine tracés, envahis de mousse, d'herbes et de ronces, vous découvrez leurs tombes. Maternelle, la forêt s'est penchée sur elles, les a enveloppées de troène et d'aubépine blanche…

Au dessus de Morsbronn, à l'endroit où s'abattit une des charges, a été élevé un petit obélisque de grès rose. Il porte écrits trois mots : *"Defuncti adhuc loquuntur"* : "Les morts parlent encore."

Ne vous défendez pas d'entendre leurs voix.

*
* *

Une excellente association, celle du *Souvenir Français*, présidée aujourd'hui par M. Jean, de Vallières, s'est donné pour tâche, en dehors de toute idée politique, d'honorer les soldats de France qui succombèrent en 1870. C'est ainsi que dans ces dernières années se sont multipliées des cérémonies émouvantes où souvent se retrouvent en présence d'anciens combattants des deux armées.

L'une des plus solennelles fut celle qui eut lieu à Wissembourg, le 17 octobre 1909, pour inaugurer le monument consacré "aux soldats français morts pour la Patrie," dont un comité Alsacien avait pris l'initiative.

Il s'élève sur le Geisberg tout près de l'endroit où le 4 août 1870 le général Abel Douay fut frappé mortellement d'un éclat d'obus. De toute l'Alsace, des souscriptions avaient afflué, dépassant du double ou du triple l'attente des organisateurs.

Le jour de l'inauguration, c'est par dizaines de mille que l'on accourut dans la petite ville dont les maisons étaient décorées d'épaisses guirlandes piquées de roses de papier rouges et blanches, où çà et là s'ajoutaient des couronnes ornées de fleurs bleues. Vers la colline, on voyait, dit un témoin oculaire, monter "une foule de paysans aux costumes sombres mais pittoresques… comme un cortège de fourmis, sur plus d'une demi-lieue d'étendue. Il y en a depuis Wissembourg jusqu'au haut du Geisberg et il en monte autant de tous les autres côtés. Les villages environnants à plusieurs lieues à la ronde se sont mis en branle. Les sociétés venues de France avec leurs étendards arrivent et pénètrent aux places réservées dans l'enceinte, ainsi que les pompiers qui ont conservé leurs casques de forme française, les sociétés militaires du Palatinat et d'ailleurs avec leurs aigles allemandes, des sociétés de musique, des délégations du Souvenir Français et surtout les vétérans alsaciens-lorrains des armées françaises avec le numéro de leur régiment à leurs chapeaux. Il y en a plus de sept cents. Ils se retrouvent, ils se reconnaissent avec une indicible émotion."

Il en est un que l'on se montre avec un respect particulier. C'est Baudot, le clairon de Malakoff. Il a quatre-vingts ans. Mais tout droit, robuste, il tient ferme "le magnifique et lourd drapeau des anciens combattants de Gravelotte et de l'armée du Rhin, cravaté d'un large nœud de crêpe."

Lorsque tombèrent les voiles du monument, qu'ils découvrirent la statue du génie de la Patrie coulée dans le bronze d'anciens canons français et que s'éleva la "Marseillaise," il y eut un émoi indescriptible.

METZ.

Aux pieds du coq gaulois qui en surmonte le faîte, les enfants d'Alsace, écrit une Alsacienne, ramèneront indéfiniment leurs enfants "pour prêter un serment silencieux."

C'est le même qu'autour de la statue de Kléber à Strasbourg répètent chaque année en une soirée de juin les étudiants alsaciens qui défilent, chapeau bas et lèvres closes, devant le héros au coup de minuit.

*
* *

Ne vous y trompez pas. Sous son apparence paisible, l'Alsace garde une âme tenace et fidèle. Elle est la même chez ce vieillard qui, au seuil de sa maison, se soulève, tire sa pipe de ses lèvres et vous fait le salut militaire parce que vous portez le ruban rouge ; chez le paysan ou l'ouvrier qui chaque année économise de quoi faire au 14 juillet le voyage de Nancy ou de Belfort ; chez ces jeunes gens qui, tout à coup, guêtrés de blanc, le képi sur le front, pareils à nos gymnastes, débouchent au coin d'une rue sonnant du clairon nos vieilles marches militaires. Et si même par hasard, elle voulait se défaire de ses vieux souvenirs parce qu'ils sont douloureux et rendent la vie plus triste et plus difficile, l'Alsace ne le pourrait pas. Ils sont trop profondément ancrés jusqu'au cœur même de ses enfants. Croyez-en l'historiette qui forme le dernier chapitre de ce petit livre, et qui est authentique.

CHAPITRE X
NOËL D'ALSACE

C'est la veille de Noël. Dans la chambre où l'ombre descend voici les enfants. Ils sont quatre aux joues roses, aux cheveux clairs, aux yeux très bleus. Marc, l'aîné, a dix ans ; et le petit Jean qu'on appelle Hansli en a six. Entre eux viennent la jolie Idelette qui est toujours sage et cette bonne grosse Bœbeli. Dans l'attente fiévreuse, tantôt un peu haletants, ils se taisent ; ou bien, éperdus, les bavardages s'exaspèrent... Car c'est tout à l'heure, au tintement magique de la sonnette d'argent, que va s'ouvrir le paradis : le paradis où l'ange d'or éploie ses ailes au dessus du sapin de Noël, éclatant de lumières, de jouets et de bonbons, avec, tout autour, les tables couvertes de serviettes blanches où sont alignés les paquets pleins de mystère, noués par des faveurs roses.

Pour la dixième fois, Hansli murmure :

— Oh! Idelette, est-ce que tu crois que Christkindel m'apportera la boîte de soldats de plomb?

La boîte de soldats de plomb, c'est cette merveille qui est exposée à la vitrine du grand magasin de la rue de la Nuée-Bleue. Depuis deux semaines qu'elle est en montre, sans doute que maître Hansli s'est arrêté soixante fois seulement devant elle. Car vous savez qu'on ne passe que quatre fois par jour devant le magasin. En une seule boîte, figurez-vous, tous les uniformes de l'armée française!

Maternelle, Idelette rassure le petit frère.

— Mais oui, mon chéri. Tu n'as pas oublié de l'inscrire sur ta liste?

L'oublier! De sa plus belle écriture, chacun des enfants, sur une feuille de papier toute blanche, a indiqué à la bienveillance de Christkindel ses vœux les plus chers. En lettres énormes, la bouche entr'ouverte, le front moite, Hansli a écrit : "La boîte des soldats de plomb français." Il a souligné si fort qu'il a fait un pâté. Mais ça compte tout de même.

Passionné, il répète encore une fois :

— Alors, vraiment, tu crois que Christkindel me l'apportera?

Une apostrophe le fait tressaillir.

— Moi, je crois que Christkindel ne t'apportera rien du tout. J'ai écrit à Hans Trapp pour qu'il vienne t'offrir un paquet de verges toutes neuves trempées dans du vinaigre.

Cette voix railleuse, c'est celle de Marc. Sans doute que l'attente l'énerve lui aussi. Les grands frères taquins sont tous les mêmes.

Ainsi interpellé, voici que le visage tout rond de Hansli s'allonge. Sans doute que malgré son âge encore tendre, il n'a plus en Christkindel, le Noël des enfants sages, et en Hans Trapp, son redoutable compère, cette foi littérale qui fut celle des générations périmées. Et il semble bien que dans la cérémonie grand-père, papa et maman jouent un rôle plus décisif que ces personnages qu'on n'a jamais vus. Pourtant, en somme, il y a là quelque chose d'obscur. D'un ton qui veut être suffisant, Hansli riposte :

— Ça n'est pas vrai. N'est-ce pas, Idelette, que Hans Trapp n'existe pas?

S'il n'existe pas! Marc lève les bras au ciel d'un geste de stupeur. S'il n'existe pas, cet affreux bonhomme vêtu de peaux d'ours, avec sa figure toute noire, sa barbe hirsute, des verges plein les mains!...

— D'ailleurs tu verras bien tout à l'heure. Il m'a promis de venir pour te punir de n'avoir pas voulu l'autre jour me prêter ta boîte à couleurs.

Marc secoue la tête d'un air sûr de soi. Les lèvres de Hansli se mettent à trembler. Après tout, on ne sait pas... Protectrice, Idelette attire vers elle le gros garçon :

— Voyons, Hansli, est-ce que tu ne vois pas que Marc te taquine!

Et, supérieure, elle fait la moue au grand frère qui hausse les épaules :

— Aussi Hansli est trop bête!

— Et toi tu es trop méchant!

Allons! allons! on ne va pas se disputer un jour de Noël! Ce serait du joli si la petite sonnette allait trouver les deux frères en train de s'arracher les cheveux!... Un peu honteux, ils se taisent. Marc affecte de reprendre son livre et Hansli son jeu de construction. Mais deux minutes après il se penche vers Bœbeli, si affairée parmi ses poupées :

— Dis donc, Bœbeli, est-ce que tu ne crois pas qu'elle est en retard, la petite sonnette? ou bien peut-être que nous ne l'avons pas entendue? Il faudrait aller voir...

Inutile. Il y a un bruit de portes qui s'ouvrent. Le cœur battant, les quatre enfants sont debout. Et voici le grelot argentin, le grelot magique qui sur la terre fait descendre les visions de l'au delà...

... Vibrants, les yeux écarquillés, les voix étranglées d'émoi, les quatre enfants sont alignés, debout, en face du sapin étincelant. Retrouveront-ils dans leur vie de semblables minutes?... Sur leurs visages expressifs, grand-père et papa et maman contemplent l'image du bonheur parfait dont sur la terre il y a si peu d'exemplaires.

Maintenant vers les tables féeriques c'est la ruée des petites mains avides. Sous les doigts frémissants les faveurs se dénouent, les papiers déchirés s'envolent. Au milieu des cris de surprise, des murmures d'extase, les trésors surgissent de leurs caches. Oublieux de sa dignité, Marc gambade devant ses livres dorés, ses patins neufs, et son chemin de fer mécanique. Idelette ne se lasse pas d'inventorier le contenu inépuisable de sa table à ouvrage. Mère depuis cinq minutes d'une négresse et d'une japonaise, Bœbeli les berce et les câline, chacune sur un bras, avec une tendresse égale. Quant à Hansli, il a la tête perdue. Un tambour, un traîneau, un ballon, des livres, et, par dessus tout, la boîte des soldats de plomb, la boîte qui contient l'armée française : tout cela est à lui! Il se tait le cerveau perdu, un peu fou.

Immobiles et pensifs, M. Lœdikam, son fils, et sa belle-fille ne se lassent pas de savourer l'allégresse de leurs enfants. Sur la grande terre, la vie n'est pas toujours gaie ; moins qu'ailleurs parfois sur le vieux sol de l'Alsace. Il arrive qu'ici les jours qui sont les jours de fête soient plus mélancoliques. Ils remettent davantage en mémoire les temps qui ne sont plus, combien les choses ont changé et toutes les séparations. Mais peut-être, de la douleur qu'elle distille, la joie qu'ils recèlent est plus pénétrante. La voix mouillée, Madame Lœdikam jeune s'adresse au vieillard :

— Vraiment, mon père, vous avez trop gâté les enfants.

M. Lœdikam sourit. S'il n'avait pas ses petit-enfants à gâter, pourquoi vivrait-il? Du fond de son grand fauteuil, il aperçoit tout là bas, là bas, les Noëls lumineux de son enfance. Et puis ce furent ceux de sa jeunesse. Alors, les membres de la famille se pressaient innombrables autour de l'arbre sacré… Il était homme déjà quand, une année, pour la première fois, Christkindel ne fut pas célébré ; il y avait eu cette année-là sur Strasbourg trop de malédictions, de canonnades, d'incendies et de deuils… Et puis, parce qu'il faut bien que l'on vive, parce que les petits enfants ne sauraient se passer de joie, de nouveau Christkindel était revenu. Mais combien, chaque année, la mort et les départs avaient rétréci le cercle de famille! En ce jour plus qu'en nul autre, M. Lœdikam revit le passé, regarde devant lui défiler sa vie. Combien elle est longue, tissée de combien de deuils! Aussi, sans doute que l'écheveau est bientôt dévidé tout entier. M. Lœdikam est prêt. Pourtant il est content d'avoir vu ce jour.

Quelque chose gratte sur sa manche. Une voix le tire de sa rêverie.

— Grand-papa, je suis si heureux!

M. Lœdikam pose doucement sa main sur les boucles blondes. Naturellement il ne l'avouerait pas tout haut. Mais Hansli est son préféré.

— Alors tu es content de Christkindel?

Un coup d'œil de Hansli est plus éloquent que les paroles qui lui font défaut. Machinalement, à côté du fauteuil de grand-père, son regard effleure un guéridon qui est vide.

— Et toi, grand-père, Christkindel ne t'a rien apporté?

Sans doute c'est le lot des vieilles gens. Il paraît que c'est tout naturel. Mais Hansli se figure si vivement sa propre désolation si Christkindel l'avait oublié qu'il n'a pu retenir sa question. Et il est tout heureux quand grand-père lui répond :

— Si, Hansli, j'ai aussi eu mon Noël : une bonne lettre d'oncle Jean.

— Une lettre d'oncle Jean!

— Vous ne nous en aviez rien dit, mon père!

Autour du vieillard toute la famille s'est rassemblée. Et un silence religieux s'établit pendant qu'il tire la lettre de sa poche, assujettit ses besicles et commence sa lecture.

C'est qu'oncle Jean, le plus jeune fils de M. Lœdikam, n'habite plus en Alsace. Et même c'est tout au plus si, de loin en loin, il y fait une apparition. Oncle Jean est un officier français. Et en ce moment il combat pour la France sur la terre d'Afrique au Maroc. Ses lettres sont rares. Elles apportent avec elles d'étranges parfums, une atmosphère inconnue. Les enfants connaissent à peine oncle Jean, même Hansli qui est son filleul. Mais le mystère qui environne sa figure en rehausse l'éclat. Dans ses lettres chantent le soleil de flamme, la magie du désert, toutes les splendeurs de l'Orient, une épopée de gloire et de sang qui fait battre les cœurs… Au milieu du recueillement de tous, M. Lœdikam achève sa lecture : les nouvelles sont bonnes ; oncle Jean se porte bien ; il sera en pensée à Strasbourg le jour de Noël…

Tandis que les conversations reprennent et que M. Lœdikam méthodique replie les feuilles de papier, voici que de nouveau Hansli est devant lui. Il tient dans ses bras la lourde boîte des soldats de plomb et, tout rouge de son effort, interroge :

— Grand-papa… grand-papa, je voudrais savoir lequel ressemble à l'oncle Jean.

Le vieillard qui n'a pas encore serré ses lunettes s'incline et, parmi les cuirassiers et les hussards, avise un cavalier plus beau que tous les autres dans son dolman céleste et son ample pantalon rouge :

— Le voici.

Avec respect Hansli le reçoit dans sa menotte, longuement le considère et puis le replace dans le lit de coton. Dans la figurine de plomb colorié s'incarne la légende d'héroïsme et de péril dont s'auréole le mâle visage bruni et la moustache blonde qui deux ou trois fois se sont penchés sur le visage rose du garçonnet...

GÉNÉRAL KLÉBER.

Mais déjà les portes de la salle à manger se sont ouvertes. "A table!" D'abord les enfants se récrient... Tout aussitôt ils s'aperçoivent qu'ils meurent de faim. Dans sa splendeur traditionnelle, c'est le souper de Noël ; il y a, énorme et reluisante, l'oie farcie de marrons ; il y a le magnifique pâté de foie gras ; au dessert une profusion de sucreries. Et l'on débouche une bouteille de champagne pour boire à la santé d'oncle Jean et de tous les absents.

Après le repas l'excitation redouble. Sans doute le champagne y est pour quelque chose. Et puis comment, sans un peu perdre la tête, dépouiller l'arbre de sa parure merveilleuse, se partager le butin de babioles et de friandises! Les cris, les rires, les interjections montent à un diapason plus aigu. En vain la jeune Mme Lœdikam essaye de les apaiser. Aujourd'hui, n'est-ce pas, il n'y a pas moyen de gronder. Un peu anxieuse, elle se penche vers son beau-père : est-ce que tout ce vacarme ne le fatigue pas trop? Il secoue doucement la tête.

Sans doute elle lui fait un peu mal. Mais est-ce que bientôt il n'aura pas l'éternité pour se reposer? De l'allégresse de ses petits-enfants, gourmand, il ne laissera pas perdre une miette.

Aussi bien voici l'heure du coucher. Malgré les protestations, on tombe de fatigue. Et c'est à peine si les voix ensommeillées peuvent articuler un bonsoir. Les jambes vacillent pour gagner la porte tandis que les petits poings frottent les yeux appesantis.

Quelques minutes après les enfants, M. Lœdikam le père se retire à son tour. Son fils et sa fille demeurent seuls dans le salon jonché de papiers, de ficelles, de débris d'enveloppes et de verdure. Ils se sourient. C'est une belle journée. Les enfants ont été si heureux. Et le grand-père les a tellement gâtés! Quelle chance qu'il ait justement reçu aujourd'hui la lettre de Jean! Comme cela, lui aussi a eu son Christkindel.

Le fin visage de Madame Rodolphe Lœdikam approuve. Pourtant on dirait qu'il y a une ombre sur ses traits. Son mari se penche vers elle. Est-ce que quelque chose la tourmente?

Elle lui sourit. Il la connaît trop bien. Elle ne peut rien lui dissimuler. Eh bien! — oh! elle se rend compte qu'elle est ridicule — tout à l'heure, pendant que son beau-père lisait la lettre de Jean, elle avait le cœur un peu serré en regardant ses enfants qui, bouche bée, buvaient ses paroles... Certes, tout Alsacien est fidèle au passé. Mais à quoi bon perpétuer pour les générations qui viennent d'inutiles occasions de rancœur et de souffrance! Est-ce qu'il ne vaudrait pas mieux que les Alsaciens de demain, sans rien abdiquer de leurs sympathies héréditaires, acceptent les faits accomplis et assument sans arrière-pensées leurs nouveaux devoirs?

M. Lœdikam jeune, qui est un homme raisonnable, approuve du menton. Jean a eu le droit d'agir comme il a fait. Nul ne songe à l'en blâmer. Et on est, tout de bon, fier de ses exploits. Pourtant il est inutile de les proposer en exemple aux enfants. Et si grand-père avait donné à Hansli un autre cadeau que cette boîte de soldats de plomb, il n'en aurait pas été fâché. Mais, n'est-ce pas, il ne faut pas non plus exagérer les choses. Avec les mioches tout passe et tout change. Peut-être que ce n'est pas grandement la peine de se faire du souci pour cela le jour de Noël... Hein?

Mme Lœdikam ne peut s'empêcher de sourire et acquiesce à son tour. Puis, ayant éteint les lumières, les deux époux quittent le salon.

Avant de se coucher, ils passent par les chambres des enfants. Les fillettes dorment à poings fermés dans leurs petits lits blancs. Marc s'est agité avant de trouver le sommeil. Il faut ramener la couverture sur lui et reborder le lit. Sur son oreiller, Hansli, le visage paisible, la respiration égale, ressemble à un ange joufflu.

Mme Lœdikam se penche pour effleurer son front blanc d'un baiser, et tout à coup, la voici qui attire son mari à elle et lui désigne la menotte de l'enfant. En se couchant, Hansli n'a pas eu le courage de se séparer de tout son trésor. Et jusque dans son sommeil il continue d'étreindre la figurine de plomb où grand-père lui a appris à reconnaître l'uniforme d'Afrique.

Avec un hochement de tête indulgent, M. Lœdikam fils tout doucement saisit la main potelée, essaye d'en écarter les doigts. Mais voici qu'avec un grand soupir l'enfant les resserre et d'un geste instinctif ramène sur sa poitrine le petit soldat de plomb.

Alors, tout bas, tout bas, d'une voix qui tremble imperceptiblement, c'est Mme Lœdikam, Mme Lœdikam elle-même, qui murmure à l'oreille de son mari :

— Laisse-le lui…

Et tous deux à pas étouffés quittent la chambre où, paisible, monte la respiration égale du petit enfant d'Alsace au cœur fidèle.